太想孩子赢，你就输了

一位海归妈妈的欧式教育心得

刘小欧 著

哈尔滨出版社

HARBIN PUBLISHING HOUSE

图书在版编目（CIP）数据

太想孩子赢，你就输了：一位海归妈妈的欧式教育
心得 / 刘小欧著. —哈尔滨：哈尔滨出版社，2018.2
　　ISBN 978-7-5484-3756-7

Ⅰ.①太⋯　Ⅱ.①刘⋯　Ⅲ.①小学生－家庭教育
Ⅳ.①G782

中国版本图书馆CIP数据核字（2017）第287241号

书　　名：太想孩子赢，你就输了—— 一位海归妈妈的欧式教育心得

作　　者：刘小欧　著
责任编辑：赵宏佳　韩金华
责任审校：李　战
版式设计：艺琳设计
封面设计：异一设计
. . . .
出版发行：哈尔滨出版社（Harbin Publishing House）
社　　址：哈尔滨市松北区世坤路 738 号 9 号楼　　邮编：150028
经　　销：全国新华书店
印　　刷：三河市兴达印务有限公司
网　　址：www.hrbcbs.com　　　www.mifengniao.com
E-mail：hrbcbs@yeah.net
编辑版权热线：（0451）87900271　87900272
销售热线：（0451）87900202　87900203
邮购热线：4006900345　（0451）87900345　87900256
. . . .
开　　本：710mm×1000mm　1/16　印张：16　　字数：200千字
版　　次：2018 年 2 月第 1 版
印　　次：2018 年 2 月第 1 次印刷
书　　号：ISBN 978-7-5484-3756-7
定　　价：45.00 元
. . . .
凡购本社图书发现印装错误，请与本社印制部联系调换。**服务热线：**（0451）87900278

多年前的一幕一直在我的脑海中挥之不去：一位奶奶去接上三年级的孙子放学。孩子走出校门后，奶奶卸下他肩上的书包，说了一句：这么沉，奶奶都快拿不动了！

那时候苏宝上一年级，放学时也是我帮她拎书包，一年级的书包也已经有了一些分量，我想象着三年级时书包会有多重。

从幼儿园起，就这么日复一日接送孩子，不断增加的有书包的重量，还有课外学习班……

长大，想起来是那么漫长的事情。

从孩子呱呱坠地的那一刻，父母就盼着孩子长大，这种盼望中也承载着父母殷切的希望。

可是长大并不容易，要养、要育、要教……千百年来，人类在养育孩子的过程中不断摸索、探求教育之道，教育孩子的理念也不断地推陈出新，古有"养不教，父之过；教不严，师之惰；……昔孟母，择邻处；子不学，断机杼"；进入现代，人们的生活越发丰富多彩，人们的眼界越发开阔，思想更加自由、活跃，很多父母的新理念是：顺其自然，让孩子自由自在地成长。

貌似这种观念让家长和孩子都感到轻松了，可是，当你真的从一个站着说话不腰疼的旁观者升级为人父人母后，就会发觉，你之前的那些教育理念，那些自以为先进、处于"时尚前沿"的教育理念慢慢地被现实逐个击破，而你不仅已无力坚持，而且也不敢坚持。看着孩子一天天地成长时，你才会由衷地感叹，在当前的环境下长大是一件越发不容易的事了。从幼儿园开始，整个家庭就不由自主地进入了一个旋涡中，所有家庭成员在这个旋涡中身不由己地旋转，越滑越深。孩子背着沉甸甸的书包，每一天都被安排得像陀螺一样；到了晚上，终于可以躺在床上了，本以为该彻底放松了，可是哪敢啊，还要在心里默默背一背单词和公式……

此情此景，让当父母的既心疼又无奈！

自由自在地成长又在哪里？

于是人们更深入地去探讨、研究教育的问题，教育到底是怎么一回事？我们需要的是什么样的教育？孩子们需要的是什么样的教育？

之后有人提出，教育是门艺术。

既是艺术，内涵就丰富了，在"要艺术"的驱使下，教育一下子复杂起来。生理的教育、心理的教育、应试教育、素质教育等等，每一种都有一套，甚至几套的理论，教育顿时高深莫测起来。

在对"教育是门艺术"进行深入探讨的同时，继而又有人提出，教育是门遗憾的艺术。

不是吗？

当看着孩子一天天长大，父母心里的遗憾也会一点点增加——"要是当初能……就好了"；"要是当初一定要他……就更好了"……

我们是不是有这样的感觉呢？孩子们长大了，他们在让父母满意的同时，又让父母失望了，这种满意与失望，大概会始终伴随着一部分家长，因为有很大一部分家长追求的是"好"，是"更好"。

然而，事实是在我们能够体会到"好"或"更好"之前，我们尝到的往往是"累"，是身心的疲惫。每每叹息之余，有的父母就羡慕起了国外的教育，盼望着自己的孩子能像国外的孩子那样轻松自由地成长。那国外的孩子到底是怎么长大的呢？

我不是教育专家，但我是一位母亲，我陪伴了女儿的成长，在地球的另一半，在那个被我们认为开明、开放、给孩子充分自由、基本对孩子采取"放养"的西方。我经历了女儿的成长，在另一种教育文化里，我审视着自己和自己的教育理念。

在那里，成长、教育是什么样的呢？

孩子们长大又是怎样的一个过程呢？父母的作用在哪里？

我们是在2000年——这个伟大的千禧年全家一起出国的。

比利时，这个对很多人来说还有几分陌生的西欧国家，强烈地吸引着我们。对于我们在那里即将开始的工作，我们并不感到担忧，而对于女儿即将在那里开始的学习生活，我们却又盼又怕，始终无法安心。终于当这一切开始了的时候，我发觉接受教育的不仅是女儿，还有我。在这里我见证了孩子们是怎样长大的。

一切是那么不一样。

当我们把孩子从学校接回家，看着他们打开书本写作业的时候，这里的孩子们却玩得心安理得、玩得理直气壮；

当我们假期里带着孩子奔走在不同的辅导班之间时，这里的孩子们却在跟着家人度假、跟着朋友们玩耍；

当孩子犯了错误，我们怒斥着、责备着的时候，这里的家长们似乎并不十分生气，只是轻轻的一句"孩子，我们来谈谈……"，就纠正了错误。

我们——要把基础打牢；

他们——玩是天性。

我们——吃得苦中苦，方为人上人，从小埋头苦干，因此不断地压缩玩的时间、休息的时间；

他们——做自己喜欢的事，悠闲地、玩着学习。

于是，就这么玩着玩着，长大了。

……

然而，长大毕竟不是一件轻松的事，不论在西方还是东方，这"玩"的背后到底是什么呢？

我把这一切不一样写进了书里。

我们都是凡夫俗子，并不追求某一天在瑞典皇家学院的颁奖台上听到自己孩子的名字，我们想要给予孩子的，不过是个既掌握了该学到的知识又丰富多彩的童年，想要他们拥有一个健康、快乐的人生。

目——录

第 *1* 章

这就上学了？

轻松入学了，难题也来了

女儿苏宝从圣彼得学校小学毕业的那一天，她并不十分开心，我知道她舍不得离开和她有着深厚感情的老师和同学们。可是我自己，却无法抑制高兴的心情。女儿在这里读了三年半的小学，从懵懂羞怯，到现在从容自信，那是一段难忘的成长经历，其间更是因为语言不通，让她经历过一段艰难的时期，而我，自然也经历了更为不平静的教育心路历程。女儿毕业了，我说"我也毕业了"。

女儿不明白我的意思，我笑笑。女儿是她成长过程中的当局者，我们家长何尝不是呢？所谓当局者迷，只是她这个当局者和我们不一样，她迷得毫无意识，而我，因为太清醒，所以更迷惑。

这一天夜里，我做了一个梦。梦里我带着苏宝走在一处原野上，一处很漂亮的原野，宽阔辽远，有一望无际的草坪，有五颜六色发着光的奇异小花，这儿一簇、那儿一簇的，散落在原野上。头顶上的太阳，像孩子们画的图画，大得有些夸张，红彤彤地闪耀着光，但是并不感到炎热。我和苏宝走在原野中却不为这份美丽所动，我心里很着急，我要带着苏宝去找学校，不知道哪里有学校，我们就这么走着，寻找着，走啊，走啊……

既然做了这样一个梦，那这本书就从苏宝入学开始说起吧，也算顺理成章。

谁都清楚，孩子转学插班是件令人头疼的事情。即使有人有些神通，那至少也得有那么几个晚上睡不安稳吧，何况我们这次可是去的异国他乡。

一心茫然，满腹忧啊！

女人心头有事越发爱琢磨。我把女儿找学校入学这件事琢磨了千遍万遍，唯一的结果是：越想越难，越难越愁。

也许这种事先无所作为就贸然带着孩子出国的行为，让现在的人们感到费解，现在出国的情形大多是这样的：一条网络，缩短了世界的距离。在订机票之前，甚至在拿到签证前，该做的事情基本都在网络上搞明白了。比如，如何到学校注册；如何申请银行卡；如何租房子；临行前的准备，包括带哪些衣服、吃的、用的东西，都能在网上找到答案。找到能够去机场接机的人，甚至人还没到就已经交到了不少朋友等等，这就是网络带给人们的便捷。

可2000年的时候，虽然已有了网络，但在利用度和便捷度上却无法和现在相比，更何况我们那时候利用网络的意识可比现在差太远了，因此，当我们带着女儿来到这个国家的时候，不仅对女儿入学的事毫无头绪，对即将开始的异国生活也心怀忐忑。

当我们刚来到这个即将居住的城市时，首先被它的美震撼了！眼前的一切都让人感到惊喜，一个宛如童话的地方，目之所及，每一处都是风景，而且美得精致，美得平和自然。

　　那时正值复活节假期，街上随处可见各种清新活泼的复活节装饰，处处显出生机勃勃，嫩黄和嫩绿色是主色调：橱窗里嫩黄色的毛茸茸的小鸡，周围点缀着青枝绿叶……一切都是生机盎然的春天的样子。唯一不方便的是学校放假，苏宝入学一事还要拖上几天。于是我就利用这几天的时间带着苏宝在街上闲逛，熟悉环境。苏宝见到什么都觉得新鲜：

　　那些整洁精致的店面，五彩斑斓的橱窗……

　　那些漂亮的尖屋顶，白色的、红色的、灰色的……

　　那些玲珑的玻璃窗……

　　苏宝尤其喜欢各家玻璃窗外、窗台上摆放的一盆盆在微风中摇曳的五颜六色的鲜花，虽然叫不上这些鲜花的名字，但见它们在微风中轻盈摇摆，灵动又悠闲，看得心情也美好起来。不知花名又有何妨？我们欣赏这些花带给自然界的美。

　　苏宝不停地指指点点，走在我身边，不时发出轻声惊叹。她说眼前的景物就像以前在童话书中见到的一样，甚至比那还要美，因为有活生生的人在街上，包括她自己。

　　天仍旧微凉，让人有一种清清爽爽的感觉，走在街上整个人为之精神焕发。我不由得深深吸了几口这清凉中带着淡淡香味的空气。

　　毋庸讳言，眼前的这一切也让我感到新奇。

　　抛开宗教上的意义，我也是十分喜欢复活节的，这是三四月份的一个春天的节日。万物在深冬的沉寂与休养生息中，孕育了新的、更有力量的生机。春天来的时候，这一切都迸发了，天地之间，包括我们的生活，一切都充满了希望。

一条不宽的小河蜿蜒流过这座小城，在流经废旧城堡的这一段，河中有十几只野鸭子，毛色光亮，肥肥的，偶尔振翅飞起，滑过水面。常有人带着面包来此喂野鸭子，每次看到，我和苏宝都会良久注视这和谐的画面。城外有个小湖，七八只雪白的天鹅在里面悠闲游弋。苏宝第一次见到这种高贵的鸟，惊诧得半晌闭不上嘴，眼神中充满崇拜。

只是我心中还装着苏宝入学这件悬而未决的事，无法全身心沉浸在这个美好的季节和这童话般的美景中。看着身边欢蹦乱跳的苏宝——真是年少不知愁啊！

我和丈夫苏仲宇都是20世纪60年代出生的人。我们这一代人经受了正统教育，将家庭和孩子看得格外重要，对孩子的教育怎么能掉以轻心呢？

我们盼望着开学的日子，下了决心即使遇到再大的困难，也一定要克服过去，一定要给苏宝一个好的教育环境。

当那一天真的来了，所发生的一切让我们始料未及，惊诧之余又感到难以置信。

虽然来这里之前对如何办理入学一事一无所知，但我们也并非完全没有准备。毕竟是要上学的，就按照我们的习惯和想象，准备了证明孩子身份的证件、中国所就读过的学校开的证明和成绩单，我们还特意将证明和成绩单翻译成英文，并做了公证。

于是带着这些文件，我、苏仲宇带着苏宝走进了圣彼得学校的大门。至于为何选择圣彼得学校，唯一的理由是，它离我们住的地方非常近。对于初来乍到的我们来说，近就是最大的优势。

按照我们固定的思维模式，给孩子转学到一个新的学校，程序大体是这样的：带齐各种证件、带着孩子来学校，通常接待的是教学主任，看过孩子，问些简单的问题，再检查材料是否齐全，这算是面试。这一轮过后，还要参加考试，你说你孩子上了三年级或是四年级，你说了不算，证明材料也不算，要由考试成绩决定。

我们带女儿去学校前，脑子里就是这样的想法，所以我们都有些担心考试。女儿一句荷兰语都不会，即便试卷是英语的，也超出了她的水平。可以肯定的是，成绩会很差，到时候怎么安慰苏宝？她又能读哪一个年级呢？

苏仲宇一直想不出该如何证明女儿的学业水平，孩子语言不行，不仅不能证明之前的水平，还会严重影响今后的学习，左思右想，我们决定一切听从学校的安排，降级读也接受。

苏宝那天的心情也和我们一样沉重吧，一路上不吭声。我和苏仲宇也没什么讲话的欲望，除了那几句不知被重复了多少遍的对苏宝的叮嘱。

一进到学校，我们首先见到了校长。

校长拍着苏宝的肩膀，说："欢迎你来我们学校读书。"

这样的开场白让我迷惑，难道这就决定接收苏宝来学校读书了？还没有考核，也没看证件呢。校长并没有注意到我困惑的神情，又对我和苏仲宇说："我认为孩子可以跟着读三年级，你们同意吗？语言的问题不用太担心，我们学校有专门的老师为新来的孩子补习语言，相信她很快会学会的。"

并没有要求苏宝降级！——还有什么不同意的呢？

苏仲宇欲从文件袋里拿出准备好的各种证明材料，被校长微笑着拦住。

"谢谢你们准备的材料，不过，我不需要看了，上学是每一个孩子的权利，任何一个孩子想来我们学校，我们都会接收的。"

　　"那么，还需要考试吗？"

　　"当然不需要了。"说着他在一张纸上写了苏宝所在的班级和班主任的名字，并告诉我们教室在哪一层。

　　"很抱歉，现在克里斯蒂老师有课，你们不能见到她了，不过没关系，星期一来上学的时候就会见到的。"

　　说着又俯身对着苏宝说："再次欢迎你，希望你在这个学校过得愉快。另外——"他挺起身对我们说："还有个好消息，克里斯蒂老师班上还有一名中国女孩，她会提供帮助的。这也是我把她安排在这个班级的原因。我想——"他又转向苏宝："你不会孤单的。"

　　一瞬间我们竟有了重见天日的感觉，心头无比轻松喜悦，我们设想了重重困难的异国入学，竟如此简单！

　　"上学是每一个孩子的权利！"这话说得多好啊！

　　每个孩子都是这么入学的，不论你是不是当地人。因为"上学是每一个孩子的权利"。大多数孩子都选择就近入学，虽然每所学校因为发展的历史不同，曾经有过好与差的区别，或是男校和女校的区别，但是，时代发展到今天，男女不再分校，教育质量的差别也基本不存在。如果一定要找出一些差别，大概就是有的学校管理得宽松一些，有的学校则严格一些，这些松与紧，主要体现在学习上。当然这也是中学以后，小学阶段，差不多每个学校都一样。

　　那么有没有择校呢？随着我对这里的环境慢慢熟悉了之后，我了解到择校也是有的，似是一股暗流，主要在中国人之间。好像我们中国人的等级观念特别强，而且对优劣特别敏感。虽然现在学校的整体教育水平都趋于一样了，但我们国人常常会根据自己的判断来分出好与坏。比如根据学校的历史来判断，历史越悠久的越好，说出去有面子；再比如，家有女儿的，选择曾经的男校，以此说明自己家女儿能力强；或者选择白人多、外来族裔少的学校，心理上便有高人一等的感觉……

细细想想这种行为，无他，虚荣心在作怪。

上学是孩子们的权利，不仅体现在可以随意去哪所学校读书，政府也有让孩子正常读书的措施保障。每一个新学期开始之前，母亲的银行账户里都会收到政府的一笔款项（给孩子的任何补助，包括政府每月发给孩子的生活费，通常都是汇入母亲的账户），作为发给孩子们购置文具的费用。数额不大，但给孩子们准备新学期的文具还是足够的。

平时老师和家长的联系，主要靠家校联系册。这本A4纸大小的册子，既是老师和家长联系的一种途径，也是提醒孩子们各种注意事项的提示本。比如：第二天有游泳课或是体育课，放学之前老师就会叮嘱孩子将第二天上学要带的游泳包或体育包写在联系册上。

苏宝顺利上学带给我们一家人的欣喜并没有维持多久，我们都明白，这只是一个起步，更大的困难已经迫在眉睫。每天把苏宝送到学校，我的心里一点儿都不轻松。每天和苏宝一起，在懵懵懂懂中摸索着、体会着该如何上学，这个过程让我的固有思维模式和教育理念不断地受到冲击。

先说这么一件事，孩子们放学后，课本要留在学校里，不带回家。

这可不是一件小事，没有课本，后面一系列的事情都无法继续：比如做作业，比如复习，比如预习……由此可见，这几件我们曾经对孩子们反复强调的事情，在这里是行不通的。

克里斯蒂老师这么说了："放学后的时间是属于孩子们自己的。"

正是因为意识到不把课本带回家是件很严重的事情，我去找了班主任克里斯蒂老师，她才说了这样的话。我心里很不满，尤其是对苏宝这样一个插班来的孩子，不是该额外补课吗？不是该要求她多牺牲些课余时间赶紧把功课赶上去吗？不然她和同学的差距岂不是越来越大？

可是克里斯蒂老师又说了："苏宝不用这样，她跟着班上其他同学一起学就行了。"

和克里斯蒂老师说这话的时候是在教室门口。我扫了一眼空荡荡的教室，一排排整齐的桌椅后面，有一大块空地，地上铺着一块暗红色印花地毯。墙边有一个大书架，书架上有摆放整齐的书，还有学生们的手工作品，墙上还挂着几幅学生的绘画作品。

这样一间本该让人感到轻松的教室，却让我压力倍增。要知道这里是要坐满二十几个孩子的啊，凭苏宝现在的学习状态，何时能赶上这些孩子呢？

克里斯蒂老师觉得我根本没必要为此担忧，我真有些觉得这位老师是不负责任了。然而我也无计可施，我们一家初来乍到，一切都在摸索中，只能老师说什么是什么，而在心里，却暗暗着急。那种有劲使不出、无处发力的感觉，令我十分难受。

每个上学的小学生都那么轻松，早上八点二十分上课，下午三点十分放学。放学后，就是自由时间，这一段时间如何度过？答案就一个字——玩。和同学朋友玩、和电脑玩、看电视、看书，总之，走出了校门，学校里的一切好像都抛到了脑后。苏宝和他们一样轻松自在，让我深感不安。

一年后我再回首这段日子，其实当时到比利时不过是一个星期的时间，是我当时心里太着急，太希望孩子能早些赶上同学们了，无形中为自己想象出了很多压力。

特别的语言补习

入学一个星期后，苏宝开始跟着薇拉老师学习语言，这让我稍稍松了一口气，可每天放学后仍然是不带课本回家，没有作业。

薇拉老师的班级是这样一个班级：苏宝加入这个班的时候，薇拉老师的语言班里有八个学生，分两个层次。从零起点开始，学到一定级别就算从语言班"毕业"了。是否符合毕业的条件，必须经过教育机构专门的测试，测试合格的孩子基本都可以和同学、老师交流无障碍，学习上无障碍。

目前零起点学习的只有苏宝一个人。

"妈妈，你看，薇拉老师给的课本可有意思了！她特别允许我把课本带回家给你看看的。"

这是苏宝第一次上过薇拉老师的课后的反应。

那天接苏宝一到家，她就迫不及待地从书包里拿出了课本。

这真是一本漂亮的课本！我翻看着，不得不心中感叹——这样的课本太能抓住孩子的心了！

"就像漫画书一样，是不是？"苏宝在一旁起劲地说。

"是啊，太有意思了。"

教科书是装订在活页夹里的大开本的，苏宝一翻开就爱不释手。大幅的图画，简单的一两句话，字母也印刷得特别大。看着看着，苏宝说从这本教科书里竟看出了米菲兔的感觉。

这是一本让孩子们感到既轻松又亲切的教科书。教科书的第一课，讲的不是学校，不是老师，也完全跟学习无关，它讲的竟然是购物。

苏宝说上课时就像被薇拉老师领进了超市买各种充满诱惑的食物，真不愿意下课呢。

上过几次课后，苏宝更加喜欢她这个小班级。从苏宝的口中，我渐渐觉出，学校教学的宗旨是顺应孩子的天性——童话书一样的课本，说笑随和、不跟孩子们强调身坐直手背后面、不强调各种规矩的老师，让孩子们在玩、在自我表达中学习。苏宝说上薇拉老师的课最开心了，不像是上课，就像和朋友一起玩一节课一样。她甚至还爱屋及乌，经常饶有兴趣地给我描述薇拉老师的装扮。我见过薇拉老师，个子高挑，齐肩的褐色的头发，肤色也是深色的。苏宝提到薇拉老师的着装，我后来也留意过，她的着装风格展现着简洁、干练，和她的形象十分相称。大多时候，薇拉老师都会穿裤装，上身穿一件亚麻衬衫，或者亚麻衬衫外加一件薄毛开衫，围一条亚麻围巾，干练、洒脱。她有很多种不同花色的围巾，苏宝唯独喜欢她围那条灰色的亚麻围巾。

我觉得很有意思，从没想过一个孩子也会在背地里如此评判老师的着装。我自己上学的那些年里，可从没有关注过，或者说在意过老师的着装。

孩子入学后最初的那段时间，我还是很担心的。我看到的现实，和我心里的预期根本无法结合在一起。

我希望孩子抓紧时间补习，希望老师能给我们提一些要求，比如给孩子找个家庭教师什么的。然而现实是，我看不到苏宝在学习，老师给我的建议是：让苏宝和班上的孩子一起学，她会赶上的。放学后的时间是属于孩子们的，让他们自由地玩。

玩，玩……

那段日子里我一听到这个字就满心忧愁。好像每个人，从老师到家长（除了我这样的家长，后来我慢慢体会到，应该是除了我们这样的中国家长），都认为孩子玩是天经地义的事。

看着这些孩子，我们头脑里根深蒂固的学习的样子被彻底地颠覆。

学习是件苦差事，学习就该刻苦，"刻苦学习"这个词，我们从小听到大。在我们从小听到大的例子中，还有"头悬梁，锥刺股""凿壁偷光"……这些都形象地刻画出了学习的姿态。老师、家长这样要求我们，我们也这样要求我们的下一代，一切就这么自然。

而现在，每每看到本该用来学习的时光成了以玩为主的时候，我心里首先感受到的是恐慌。我自己的意识中根深蒂固的教育理念受到了冲击，我开始困惑，同时我也很担心，这样玩下去会耽误了孩子。那段时间我真的很无助，老师那里，我说不通，我希望她给苏宝留作业，给苏宝额外加码，可是根本不可能；我也很难私自给苏宝找家庭教师，荷兰语是小语种，世界上掌握它的人并不多，要找一个既懂荷兰语又懂中文的人不容易，很多我们国家来的留学生在这里都是依靠英语来工作、生活的，而那些从小生活在这里的人，荷兰语流利了，中文又不行。就连校长曾经提到过的那位和苏宝同班的中国女孩，也给不了苏宝什么帮助。

苏宝入学的当天，我们都对这个女孩子寄托了希望，可是，很快听苏宝说，这个女孩并不太愿意和她讲话，至于原因，我们是后来才知道的。总之，那时候我找不到一个既懂荷兰语又懂中文的合适人选来做苏宝的家庭老师。

因此薇拉老师就成了能帮助苏宝尽快渡过语言难关的第一人选，也算是唯一的人选了。我常常叮嘱苏宝跟着薇拉老师好好学，每次她都很认真地点点头。可是依然没有我乐于见到的情形出现。我的潜台词，实际是要她回到家的时候也要多读多写，多背背单词，可是她呢？看漫画书，看电视。我问她在薇拉老师课上都学了什么，她心不在焉，告诉我她都会了。

"你不需要背单词吗？"

"不需要。我都会了啊。"

"那你今天学了哪些单词呢？"

"我都记下了，你不要打扰我看书。"

"如果老师今天教了你十个单词，你要主动再多学几个。苏宝，你跟同学有差距，你要尽快赶上他们啊。"

苏宝抬头看看我，说："老师说不用。"

……

我还是不甘心，对苏宝现在的学习状态不能坐视不理，她毕竟是我的孩子，我要对她的前途负责。既然课本没有带回家，我可以让她阅读别的，这就是语言学习的便利之处。随处可见的文字都可以用作阅读学习，报纸、通知，甚至广告宣传单……我让苏宝每天晚上和我一起看报纸，读两三条简短的新闻，读的过程中，遇到生词要查，借此逐渐扩大词汇量。可是我们只坚持了一个星期，苏宝就坚决不看报了，她说自己的书更有意思。好吧，我也同意她看自己的漫画书，或是看动画片，我知道这两样对学语言是有帮助的，但对她在学校是如何学习的，我还是很好奇。

每天晚上苏宝看漫画书的时候，我就专心地检查她的书包。我会看到一些她在学校里做过的题，学过的单词和句子。有时候，我会强迫苏宝坐到我旁边来，听写她课上学过的单词、句子，结果每一次她都能写对。我还试过给她听写几天前学过的东西，她还是能写对，我觉得有些神奇。

"苏宝，你记忆力这么好？"

她说："只要薇拉老师教的东西，我都不会忘。"

薇拉老师这么神奇吗？"她是怎么教的？"

"差不多每一个单词、每一个句子都能让我们联想到一些别的东西。当我们忘了的时候，只要联想一下课上薇拉老师都讲了什么，就能想起来了。比如"avocado"吧，我永远也忘不了啊。"苏宝讲到的"avocado"的故事是这样的：

一天在讲到牛油果的时候，薇拉老师和苏宝的课一下子进行不下去了。

苏宝看着表皮粗糙、绿绿的椭圆形果子的图片，陷入了困惑。这到底是怎样的一种果子呢？她没吃过，似乎也没见过。薇拉老师解释了好几遍，苏宝还是不懂，然后薇拉老师就笑着拍拍她的肩头，说："明天，你就会认识它了。"

第二天放学时一见到我，苏宝就开心地说："今天吃到了好东西。"

原来苏宝上午第三节去上薇拉老师的课，薇拉老师把一颗牛油果摆在了她面前，告诉她这个就是"avocado"。

随后又拿出一个保鲜盒，里面是新鲜诱人的沙拉。"这是牛油果三文鱼沙拉。"说罢，薇拉老师用叉子叉起一块约一厘米见方的水果块，"喏，这就是avocado，尝一尝吧。"

就这样苏宝学会了avocado这个词，也尝到了avocado的味道。

后来又发生的事情，就十分有趣了。只要带着苏宝去超市或者果蔬店，她第一个注意到的绝对是牛油果，还不时地感叹："怎么这么神奇？牛油果好像一下子都冒出来了，以前我怎么就没见到过呢？！"

见到了就经常让我买，用牛油果做成的各式菜肴已经成了苏宝的最爱。

我曾经开玩笑地说："真没想到，薇拉老师这么有魅力，不仅能教给人知识，还能影响一个人的饮食习惯。"苏宝却一本正经地说："薇拉老师就是很有魅力，我们都很爱她！"

差不多每个学期，都有来自不同国家的孩子跟着薇拉老师学习语言。薇拉老师说过，如果让孩子们觉得学习语言是件很难、很辛苦的事，那就是她的失败。跟她学习的每个孩子都是那么快乐，在这么快乐的学习中，语言的进步也相当迅速。对孩子们来说，薇拉老师就是妈妈一样的人，有耐心，有方法，总能让他们感到快乐。薇拉老师的课没有任何条条框框，她讲，孩子们也讲，无拘无束。放松才是最好的学习状态。

有一次，我在苏宝的书包里见到一张A4纸大小的单线纸，几乎写满了字，这是一篇文章。下面还有老师用红笔写的一个"好"字。

我问苏宝是谁写的。

"在我的书包里当然是我写的了。"

我闻言忙仔细看了起来。我那时候也在学荷兰语，可是这一篇文章，我还真没完全看懂，有几个句子的意思我不理解。

"老师让写的周末的事情，就是周末都做了些什么。我写的是上个周末的事情。你病了，我和爸爸负责采购、做饭、将垃圾分类清理。我第一次帮忙做家务，觉得做家务太累了，我想你们平时做家务也一定很辛苦。"

我感动得拥抱了她一下。

上个周末我发烧卧床休息，本以为家里会一团糟，没想到比我"主政"的时候还井井有条，采购、清洁、一日三餐，都非常让我满意。我高兴之余又感到失落——原来这个家没我也行，这么一想我就哭了。

苏仲宇对此感到哭笑不得。

我又仔细看了一遍文章，在感动中回过神来，惊喜地意识到苏宝也能写出这么长的文章了！我差不多和苏宝同时接触荷兰语，可是如今她能写出这样的文章，而我却还不太能看得懂。

这就是玩着学出的效果？

差不多在同一时期，家里的电话渐渐多了起来，大都是找苏宝的。孩子们自由的时间比较多，打电话来约着出去玩，或者就在电话里聊一本书，聊聊动画片。

看着苏宝轻松聊天的样子，我心中总是禁不住感慨，这就是儿童学语言的优势吧。

苏宝跟着薇拉老师学了两个学期后毕业了，不能再上薇拉老师的课了，苏宝心里非常难过。苏宝在语言班毕业的时候，薇拉老师送了一张贺卡给她，贺卡上写着："你现在有能力去学习更多的知识了，我很高兴，你也应该高兴。别忘了我一直在你身边，随时准备着帮助你。"

苏宝十分珍爱这张贺卡，一直收藏着。她和薇拉老师的感情有多深呢？在和苏宝的一次聊天中，她不小心透露出她和薇拉老师之间有秘密——我不知道的秘密。是什么？苏宝不肯讲，我没再继续追问，她和薇拉老师间的秘密，没有什么我不放心的。

语言问题基本解决了，我们都感到高兴。正如我们预料的那样，苏宝克服语言这一关后，其他科目的学习成绩很快就赶了上来。这一时期，她各方面的进步有目共睹，她的精神面貌也让她周围的人耳目一新。

当然，并不是所有的学校都有专门补习语言的老师，我们算是运气好的，虽然事先没有办法做细致的调查。对那些学校里没有专门补习语言的老师的外国孩子来说，也不用太担心，虽说对语言的掌握，耗费的时间要相对长一些，但是他们的进步之快也是令人始料未及的。

学语言，年龄和环境太重要了。

至于学习方法，也与我们有所不同。

我们学外语时惯常强调的单词、语法，苏宝她们并不刻意地学。说与阅读比什么都重要。得出这样的认识，也并非完全出自对苏宝学习的观察，我自己也在努力学习语言，这方面有着切身的体会。

我们都是学过英语的，虽然英语学得不一定好，但是，有一个习惯却不知不觉地存在于我们的学习过程中，时时影响着我们，只是，这习惯不太好。

这个不好的习惯，就是我们在开口前，一定要在头脑里把语法结构组织好，然后才能说出来。但是我发现很多外国学生，他们总是脱口而出，有时候会有一些语法上的错误，可是不影响交流。他们无所顾忌地表达，说得越多，学到的就越多，效果强过我们想好了再说。而且，我们换位思考一下，假如遇到一个外国人说中文，即使他发音不准，即使他句子有误，我们大多数情况下也还是能明白他的意思。

总之，开口，是学语言十分重要的手段，不要怕出错。说多了，自然就能掌握到正确的了，在说中学，比学会了再说效率更高、效果更好。

阅读，不可或缺

另一个对学习语言大有帮助的方法，就是阅读。

苏宝仍然没有作业，我希望看到苏宝每天紧紧张张地学习，对于不留作业，我常常为此忧虑。可是很快我发现，虽然没有作业，苏宝却有看不完的书，每天埋头书中，像个小书虫。

也许你会问：语言不太好的孩子，能读什么书呢?

有的，给孩子们看的书籍都是按年龄、按阅读理解的能力，有着很详细的分类的。

我们住的这个小城市，有流动图书馆定期到各个学校里来。他们是专门为孩子服务的，所以任何一个孩子都可以找到适合自己阅读水平的书。

另外，市图书馆、大学的图书馆也对外开放，要看书，方便得很。

苏宝定期从流动图书馆借书看，这倒是投她所好。我翻看过她看的书，选得还算合适。

有一次我问她："你怎么知道什么样的书适合你呢？"

苏宝说："薇拉老师会帮我选，还有夏洛特，她也会帮我选。"

夏洛特是苏宝的好朋友，一个懂礼貌、温柔的女孩，个子不高，偏瘦，一头浅棕色柔软的头发，脸颊上有几颗雀斑。喜欢微笑，有时是亲切的微笑，有时是羞怯的微笑。忘了是在认识夏洛特后的哪一天了，突然我意识到她微笑的魅力，她的微笑让人放松，让人有亲切感。而薇拉老师，苏宝一直跟她有非常频繁的联系。薇拉老师既是她的良师，也是益友，苏宝会拿着书或是一篇文章去找她，听听她的意见，也跟她说说自己的想法。

不仅仅是苏宝有读不完的书，每个孩子都会根据自己的爱好有一份独特的书单。学校和老师鼓励孩子们读书，整个社会也为孩子们读书大开方便之门。苏宝跟着爸爸去了一次市图书馆后就喜欢上了那里，安安静静的环境，便捷的生活设施，各种各样的图书……假期里她约上夏洛特等同学，可以在那里看上一天的书。图书馆的一侧便是咖啡店，可以买到快餐和饮料，因为紧邻图书馆，这个咖啡店异常安静，进出的人都十分自觉地控制着自己的音量和行为，不影响图书馆里学习的人。当然大部分人还是把书借回家去看的，借书、还书的手续也很便捷。

这就是基础教育侧重点的不同。基础教育就像地基，这个地基支撑的是一个人今后向高度、深度发展的能力，接受基础教育的孩子要被塑造成海绵，对知识要有很强的吸收能力、分析能力和利用能力。阅读是基础教育的重要一部分，可以没有家庭作业，但不能没有阅读。

孩子们从小就培养起了爱读书的习惯，又有着这么一个方便读书的大环境，随处可见读书的人就不奇怪了。在街边、在车站、在阳光下的草地上，甚至在医院的候诊室里，别人都在看书，你一个人东张西望或坐着发呆真觉得不好意思呢。包里放本书，就和包里常放着一把雨伞一样，是必须的。

第2章

不要问我的成绩，
那是我的隐私！

你不会想到，成绩是隐私

早知道外国人都很注意保护个人隐私，被他们视为隐私的东西有很多，比如年龄、收入、生病等等，可是我从来没有想过，考试也会与个人隐私联系起来。

考试之后老师在班上公布成绩，排出名次，或者张榜公布考试成绩，好像是再正常不过的事情了。就像多年前，苏仲宇给我讲的一件事。

苏仲宇读高中的时候，有个叫力维的同学，高二那年险些退学就是因为一次考试后学校张榜公布成绩。

力维的成绩虽不拔尖，却也绝对不差，只是高二下学期的一次考试中，她的名次竟然落到了倒数第五名，出乎很多人的预料。那张名次榜，就张贴在校门口的过道里，那是老师、学生们出入学校的必经之路。

第二天，力维没来上课，第三天也没来。

苏仲宇听说她准备退学了，那张榜让她觉得丢尽了人，已经没脸再走进学校。力维自己出去找工作，可是找工作哪有那么容易？年纪小、没学历、没经验的力维碰了几次壁后，垂头丧气地还是来学校上学了，只不过回归后的她，仿佛成了另一个人，一个令同学们感到难以理解的陌生人。

力维变了，变得经常顶撞老师，对同学也不友好，话不投机就和人吵架，而且平时一副盛气凌人的样子。这样的力维让同学们很不习惯。力维的改变，让苏仲宇有了一个疑问：学校张榜的目的是什么？鼓励优秀？激励后进？

我同情力维，但也理解学校张榜公布成绩的做法，觉得这是一件无可奈何的事。苏宝入学后，我才发现，这件事可以有更好的解决办法。

关于隐私这种事情，我入乡随俗，不该知道的不打听，不该问的不问，不该说的也不说。平时自己的言行很注意这些，但是这也仅是对成年人，而对于要保护孩子们的隐私，就没想过那么多了。

"上学是孩子们的权利""玩是孩子们的权利"，这些让我感到陌生又深受触动的话被清晰地记在了心里。随着对当地生活，尤其是教育的不断了解，我耳边常常听到的就不仅仅是孩子们的各种权利了，还有"孩子们的隐私"。

"权利和隐私"，是苏宝上学后，我受到的最初的"教育"。

那时候我就在想：小孩子家，有什么隐私？

出乎我意料的是，这考试成绩，恰恰就是孩子们个人隐私的一部分。

我一时不能理解，通过考试，产生成绩，然后再对照成绩奖优罚劣，这些，我想每一位家长都不会陌生。我们一路走来，从我们那一代，再到孩子们的这一代，不管什么级别的考试，每次考完，老师公布分数，排排名次，大的考试后必有家长会。作为家长，看到自己的孩子成绩好于别的孩子，心里必然有些沾沾自喜，也是人之常情。很多时候还会很爽快地对孩子说："想要什么奖励，说！"大有只要你说了，我就能满足之豪迈气势。而当自己的孩子成绩不如意时，常常责骂中带着深深的担忧……不光是家长们，就是学生之间，问一下你考了多少分，被问者也会反问询问者，于是心头上或欢喜，或忧虑，这些都是司空见惯的事情，再正常不过了。

这些考之前带给孩子和家长的紧张和考过之后的喜悦或焦虑对我们来说都太熟悉了，因为我们看重成绩，太看重成绩了。在学校和老师这一层面，每次考试，特别是大的考试后，都要排队张榜公示。起先，我从没深入地思考过这种做法的不合理性，因为自己成绩还不错，榜贴出去了，多少还能满足一下自己的虚荣心。

在苏仲宇给我讲了那件事后，我清楚地记得他当时跟我说的话，他说："张榜有三个作用，一是让一些人更加自大，二是让一些人丧失羞耻心，三是让一些人自卑。力维的行为其实就是自卑的表现，别看表面很凶的样子。"

是啊，如果当初给予力维足够的尊重，也不会给她造成痛苦，让她有那样的转变。

这就是张榜公布成绩起到的作用？不过我想，学校和老师们的初衷大概也不是这样，但却怎么就演变出如此的效果呢？

就是这个力维，高考后阴差阳错地读了师范大学。后来的日子，我认识了力维，我和她成了很好的朋友，我们的友谊一直保持到现在。我们两人的孩子同龄，共同话题自然就多。我问力维现在老师当得怎么样，她呵呵笑着说："我现在根本不奢望学生们尊敬我，我的一些做法连我自己都反感，可是，我有什么办法？大环境就是这样，我也无能为力。理想可有可无，但饭碗不能没有。"

忐忑的第一次考试

有些时候换个环境生活，会让你对思考的问题有一个全新的视角和更深入的认识。通过和老师、孩子及家长的接触，我逐渐明白了，大人间在交往中都知道互相留面子，而往往却忽视了孩子们的面子，甚至在孩子成长的过程中大人们以取笑孩子为乐，还将这样的行为看作是对孩子的喜爱——我喜欢你，才逗逗你。孩子的缺点、缺陷或无意中的失误，常会被家长津津乐道很长一段时间。

我们忽略了对孩子的尊重。能够欣赏孩子的优点不难，而"尊重"孩子的缺点和所犯的错误就不容易了。

什么？对犯错的孩子也要尊重？

当然，对待孩子的错不能姑息，更不能视而不见。这里所说的尊重，是在乎孩子的内心感受，让孩子明白错误的严重性、改正错误是必须的，而不是嘲讽、奚落和打骂。这又牵扯到隐私的问题了，孩子犯了错，家长很生气，这是正常反应。但请控制好自己的情绪，不可以不分场合地暴跳如雷，要先搞清楚错误产生的原因。孩子的有些错误是无意识的，比如考试前精神紧张导致考试成绩差，这时候家长的过激行为更让孩子感到受伤。

上了圣彼得学校后的第一次考试之前，苏宝也是寝食难安。

那几天早饭的时候，苏宝也不怎么说话了，我以为她要赶时间，也没介意，直到一天凌晨我发现她房间里还亮着灯，以为她睡着忘记了关灯，便轻轻走了进去。

苏宝正坐在床上。

我吓了一跳。"都这个时候了，怎么还不睡觉？"在我的追问下，她吞吞吐吐地告诉我，她刚刚做了一个可怕的梦。她梦到自己考试不及格，试卷贴在教室后面的黑板上，老师不允许她再来上课，同学们都嘲笑她。

我这才知道她要考试了，对刚刚入学不足两个月的苏宝来说，考试让她感到了恐慌。我十分理解苏宝的心情，在我们心里都认为考试的分数太重要了，它决定一个孩子在班上的地位、在老师眼里的地位。但是这次考试对语言上刚刚有些起色的苏宝来说，不可能有理想的成绩。

我尽力安慰她，让她放松心情，寄希望于今后的学习。

安抚她继续睡下后，我的心里也跟着不安起来。我可以接受她的低分数，可是她的同学们，还有老师会怎么看呢？我很担心这次考试让苏宝受到伤害，但我又不敢跟苏宝过多提及考试的事情。这个问题只在我心里纠结着，我尽量淡化考试，不在苏宝面前提起，以免再增加她的心理负担。

惴惴不安地过了两天，到了考试这一天，早上我送苏宝上学时对她说：

"快放暑假了，你考虑一下去哪里玩？"

"妈妈，今天要考试。"

"我知道。考完试很快就要放假了，多好啊。"我努力引导苏宝多想想考试之后的快乐，尽量减少她对考试的关注。同时我也做好了心理准备，准备在放学的时候见到一个哭哭啼啼的苏宝。

可是放学回来的苏宝同往常一样，一副轻轻松松的样子，心情并不差。

我就装作不经意地随口问了句："今天考试了？"

"考了。"说完她欢快地从书包里拿出两张试卷。

两张试卷上都没有成绩。数学试卷上有几条红色的曲线，一看就明白那是苏宝做错的地方。试卷的下面有一句话：你做得非常好，以后一定会更好。

而荷兰语试卷，老师改动的地方就很多了，可是下面同样也有一句话：很好，你学得非常快。

"其他同学都没有成绩吗？"

苏宝耸耸肩，现在她也不经意地常做这个动作了。

"丹妮多少分？"

苏宝摇摇头。

"夏洛特呢？"

苏宝还是摇摇头。"没有同学互相问成绩，我也没问。"

"老师不公布成绩？"

"不公布，老师课上给了答案，如果哪道题出错的人多，老师会讲。"

"这样啊。"看着苏宝高兴的样子，我紧绷的神经总算放松了下来。孩子的自尊心是需要爱护的，孩子们也是很在意自己的"面子"的，人虽小，心理感受却是和成年人一样的，只不过因为平时在我们眼里他们是没长大的孩子，我们也就想当然地忽视了他们的心理感受，忽略了他们同样需要爱护的自尊心。

对苏宝来说，让她担心得夜不能寐的考试就这样平静地过去了。没有让她感到难堪的成绩，没有老师的批评，而且老师在试卷下面的几句话让她信心倍增。

"在这儿上学真好。"苏宝有一天对我们说。

"好在哪里？"

"轻松，没有压力，学得高兴。"

这是苏宝第一次表示对现在学习生活的喜欢，就在第一次考试之后。

每个孩子都出色

力维也很关心在新环境下学习的苏宝，我告诉了她这第一次考试的情况，力维听了非常感慨。

每一次考试都没有成绩吗？也不是，苏宝经历的这第一次考试，实际只是一次阶段性的测验，月考和期末考试还是有成绩的，只不过成绩不公开。重要的考试结束后，老师会公布前三名的成绩，其他同学的成绩是不公开的。孩子们之间也不询问彼此的成绩，甚至在家庭里，也是这样。

曾经有一次，因为不懂，我险些做了一件尴尬事。

苏宝和夏洛特是好朋友，经常到彼此的家里玩。孩子之间有了友谊，也让大人们互相熟悉了起来。有一次开家长会的时候，我遇到了夏洛特的母亲玛格丽特。玛格丽特手里拿着夏洛特的成绩册，我正要开口问夏洛特的成绩怎么样，玛格丽特先提起了夏洛特和我们一家外出吃中餐的事情。

回想起那天的情形不觉莞尔，那个天真可爱的夏洛特又回到了眼前，她吃饭时的样子，以及后来她对中餐溢于言表的赞美历历在目。

通常我们不会出去到中餐馆吃中餐，什么时候怀念家乡的口味了，我们会自己做。中餐馆里的中餐，在我们这些中国人吃来，已经觉得不合胃口、不够正宗了——那是改良后的中餐，那是给外国人吃的中餐。夏洛特来的那天，正是假期，两个孩子玩到晚饭前，我和苏仲宇也想不出吃什么，于是决定去吃中餐，刚好夏洛特也说没吃过。我们来到一家自助的餐馆，在这里夏洛特认识了中餐，也喜欢上了中餐。开始时夏洛特只取了很少的几样，吃过之后，就被勾起了胃口，诱发了兴趣，嘴里不停说着"真好吃""真好吃"，起身又去取了更大的一盘，看得苏仲宇直提醒她："喜欢吃我们下一次还可以再来的。"

我们都担心她吃不完眼前的一大盘食物，可她不仅优雅地吃完了，似乎还意犹未尽，看着我们每个人的盘子。

玛格丽特说夏洛特那天非常开心，回家后一直对中餐赞不绝口，后来他们一家又去吃了一次。

正说话的时候，夏洛特的妹妹跑过来要妈妈手里的成绩册看，玛格丽特扬起了胳膊，说："不，艾米丽，这是姐姐的成绩册，你不可以看的。"

我吃了一惊，暗自庆幸若不是刚刚提到了吃中餐的事情，我正要问夏洛特的成绩呢。还好自己没有嘴巴太快。可是这成绩不对别人讲，难道自家人也不可以知道吗？

的确是这样的。成绩是一个孩子的隐私，只有必要的人知道。这其中最大的好处，就是保护了一个人的自尊，让人们，包括学生自己有一个正确的心态看待成绩。

从小到大成长的路上，不光只有成绩；成长的过程中，也并非只有成绩好能说明你优秀。正确看待成绩，也就能正确看待一个孩子。

苏宝跟我们说过，班上没有差生，老师也不批评谁。"对每一个人都一视同仁。"她说。

"挺好！不必过早地把人分成三六九等。"这是苏仲宇的话。

第一个学期，苏宝的主要精力是放在和薇拉老师学语言上，只有语言过关了，才能正常地学习。苏宝一直是个敏感又很好强的孩子，这期间她总是担心自己学习不好被老师嫌弃，我和她爸爸也不断安慰、鼓励她，但收效甚微。直到班上举办了一次同学的生日会，苏宝才渐渐放松了自己紧张的神经。

苏宝在参加了卡特琳娜的生日会后，就对她自己的生日在假期里感到遗憾，她很羡慕卡特琳娜收到了来自老师和同学们的礼物，特别是能收到薇拉老师的礼物，让苏宝羡慕不已。那时候苏宝最喜欢的老师就是薇拉老师，薇拉老师送给卡特琳娜的礼物是一本专门写给女孩子的书。苏宝后来曾翻过那本书，内容可丰富了：介绍各种头饰，告诉女孩子如何梳理头发；介绍各种洗浴用品，教女孩子如何做好个人卫生；还有一些可爱的手工制作，比如教你如何制作相框、卧室或浴室的小装饰等等，五花八门。苏宝觉得薇拉老师真会选礼物，她心里充满渴望，渴望什么时候也能得到薇拉老师的礼物。我安慰她说："你想想看，薇拉老师给予你的，岂是一件礼物能比拟的？如果哪一天你可以展翅飞翔了，别忘了，薇拉老师就是给你插上翅膀的人。"

还不仅仅是生日礼物，那次生日会更让苏宝深受触动的是，老师对卡特琳娜太好了。

卡特琳娜是个怎样的学生呢？

苏宝想了想说："她就像以前我们班上的胡越。"

以前苏宝班上的胡越可谓大名鼎鼎，班上四十二名同学的家长没有不知道胡越的，苏宝的老师把胡越的形象深深地印在了家长们的头脑中，还有胡越的妈妈，也给大家留下了深刻的印象。家长会的情形现在仍然记忆犹新。曾经有一次家长会上，班主任老师劈头盖脸对胡越母亲好一通训斥——那是当着四十多名家长的面。

胡越成绩差，班里倒数第二名，而且，还是个闲不住的孩子。老师责怪胡越的成绩拖了全班的后腿，批评家长没有尽到教育的责任，让家长回去给胡越找补习老师。老师说再观察一段时间，成绩没有提高的话必须转学走。

可以想见胡越妈妈当时的难堪，我都替她难过，觉得有些话老师完全可以和家长私下交流，何必当着这么多家长的面呢？

对这一幕，我想很多家长并不陌生。孩子自从一入学，拼的就是成绩，成绩好，一好百好，成绩不好，学生和家长的日子都不好过。教室地上丢一张废纸垃圾，老师的第一反应就是那几个学习不好的孩子干的——学习不好的孩子，还能干出什么好事？！

那么卡特琳娜的成绩也是很差的了？我问苏宝怎么知道卡特琳娜学得不好呢。

苏宝说："虽然不公布成绩，但从平时的表现也看得出来。克里斯蒂老师的课上经常要做练习，做完后老师会给大家对答案。卡特琳娜的错题多，而且，很多时候她根本不能在老师规定的时间里做完练习。"

那么老师是怎么对待卡特琳娜的呢？

"那天卡特琳娜简直成了我们班的公主！"

卡特琳娜生日那天临近中午的时候，卡特琳娜的妈妈将一个大蛋糕送到了班上，生日会就开始了。切蛋糕，送礼物，老师、同学纷纷和卡特琳娜拥抱拍照。中午休息的时候，克里斯蒂老师将一顶尖尖的蓝色帽子戴在卡特琳娜头上，她在同学们的簇拥下，到操场旁拍照。几天后苏宝拿回了那张照片，孩子们东倒西歪地或坐或半躺在卡特琳娜身边，而卡特琳娜，竟是一副胳膊肘撑着地，手托着头，好一个慵懒的睡姿，身边尽是笑容灿烂的脸庞，她在其中尽显高贵自在的女王范儿。

不光是在生日这一天老师这样对待卡特琳娜，平时也一样。老师常常表扬卡特琳娜，说她是个能干的小姑娘，每天都会照看妹妹，还帮着妈妈分担家务。说得多了，后来苏宝竟也跟我要弟弟妹妹。

看来卡特琳娜受到的待遇和胡越受到的待遇可是天壤之别啊！

老师不会把一名学生的成绩告诉其他学生；同学之间也不会彼此询问成绩。正是因为客观公正地看待成绩，每个学生才能得到公正平等的看待。

那么老师对成绩差的学生会不闻不问吗？当然也不会。教师毕竟担负着教育学生的职责，要把知识教给学生，教会学生。对成绩差的学生，老师会分析原因，和学生谈心，帮助学生尽快掌握知识。如果经过几次考试，成绩一直比较差，老师会与学生家长取得联系。老师和家长面对面地沟通，共同分析原因，采取措施。通常家长和老师交流后，回家会再和孩子交流。但是打骂的现象是不会发生的。这就涉及到了家长在孩子成长过程中所起到的作用——指导、建议和陪伴。在参与孩子成长的过程中，尽量平和地疏导，而不是粗暴地干涉。

在和老师一道分析了孩子成绩差的原因后，还是要听听孩子的想法、孩子的心声。然后再提出自己的建议，和孩子达成共识，共同制定出措施，老师和家长一起监督孩子严格执行。而检验这一措施成效的，也是大大小小的检测和考试。孩子的一点点进步，都会让老师和家长欣欣鼓舞，那种表现在我们看来有些夸张，可是老师和家长都明白，对于学习不好的学生，帮他们树立起信心才是关键。老师和家长的表现，是为了激励孩子，是时刻小心爱护着孩子们的自尊心和自信心。

所以苏宝说在这里上学没有压力，放松才是最好的学习状态。

成绩的好坏并不能影响别人对你的看法，因为成绩并不能说明一个人的全部。

其实我们细细想来，我们的老师们，甚至包括我们的父母们，有多少人曾说准了我们的未来呢？对一个人的判断，往往是从对他过往的研读中得来的，如此片面，又怎能有准确的结论呢？

尽管从老师到学校，乃至整个社会，为孩子们的成长都营造了一个宽松的环境，但还是有孩子因为家庭的问题，生活处于矛盾之中，在学校没有动力，时间长了便对什么都失去了热情；也有孩子因为处于青春叛逆期，出现逃课行为或其他不良行为。这是一种社会现象，在世界上任何一个国家都存在。

我们生活的世界很精彩，但这个世界也有不少诱惑，让人产生挫折感、过激或不良的行为。对于有不良行为的孩子，社会同样给予了必要的关爱，政府及一些非赢利的民间组织也向这些孩子伸出了援助之手。因为这是一个特殊群体，年龄跨度比较大，从孩童到青年，所以这些组织对有逃课或其他不良行为的人区别对待，为他们提供最需要的帮助。例如对逃课的学生，政府安排了专门机构、老师和民间组织，并提供资金，每周都会安排这些孩子参加校外教育活动，希望能逐步提高他们对学习的兴趣。有时候教他们厨艺、舞蹈、朗诵，希望借此唤醒他们对生活的热情，体会生活的美好，看到未来和希望；有时候也教他们掌握一些技能，以便他们将来能融入社会。

　　每个孩子都有长处，都是可造之材，社会不能忽视或者排斥那些有不良行为的孩子，而应该努力帮助他们走过这段不平常的日子，让他们以后能有一个好的发展。

无独有偶的教育观

我曾经看过这样一篇文章，也印证了欧洲各地人们对待成绩的态度基本相同——不是不看重成绩，而是正确看待成绩。

英国有一所小学，在所有毕业生的成绩单里附了一封信，这封信告诉我们：任何人的天性都是独一无二的，都有着多面的色彩，都值得被善待和挖掘，任何人都可以变得伟大。

亲爱的×××同学：

你这次小学毕业考试的成绩已经附在这封信里了。对你的成绩我们感到非常骄傲，我们觉得你已经尽了最大的努力。

但是你要知道的是，这些考试成绩其实并不能反映你是有多么与众不同。

出这些考试题的老师们并不像学校的老师一样了解你们每一个人，更不会像你的爸爸妈妈一样了解你。

考试不会告诉他们，你们当中有些人刚念完小学就已经会说两种语言。

考试不会告诉他们，你已经能熟练演奏乐曲，能唱歌，会跳舞。

考试不会告诉他们，你能给你的小伙伴带来笑声，你是一个值得小伙伴信赖的人。

考试不会告诉他们，你能写诗或者写歌，甚至球也踢得很好。

考试不会告诉他们，你在家能把弟弟妹妹照顾得很周到。

考试不会告诉他们，你去过多少美妙的地方，能说出多少美妙的故事和经历。

考试不会告诉他们，你是一个善良、有思想、可信赖的人。

考试不会告诉他们，你每一天都在让自己变成一个更好的人。

你的分数只能告诉大家你的一面，但是它不能代表你的每一面。

所以，分数只是分数，我们可以为自己的分数而自豪，但是请永远记住，人可以有很多种伟大的方式，考试绝对不是唯一的一种。

看了这篇文章，身为家长的我们，做何感想？

这篇文章对我触动很大，我开始修正我对成绩的看法，对苏宝的看法，并且开始寻找苏宝身上的优点。我想这对我们来说是有益的，我们学会有一个更好的心态对待学习，对待孩子的成长。

不比较成绩，不仅在无形中为孩子们的成长营造了一个宽松的环境，而且也在无形中避免了对孩子的羞辱与嘲笑。这个世界上，好孩子不应该只有一个标准、一个完美形象。每个孩子都有自己的个性，每一种个性都有独特的品质。老师和家长的任务，是发掘出每一个孩子的潜力，爱护、培养孩子们的个性，让每一种个性都朝着积极的方向发展。可以想见，从小在被认同的环境下长大和在被嘲笑、羞辱的环境下长大的人会有什么样的不同。从小处说，会影响到个人的品质；往大处说，不同环境下成长起来的一代代人，影响着社会环境是平和、宽容还是充满戾气与躁动不安。像张榜公布成绩的做法，也许初衷是好的，但这种做法绝不可取。它给学生带来的是压力和羞辱。对学习不太好的学生，起到的激励作用微乎其微，并不能让一个人真正进步，它能带来的只是让人更难堪，更压抑自己，一遍遍地怀疑自己，最终使人自卑、缺乏自信、缺少行动力。只有生长在一个被认可的环境下，才能成为一个自信、有责任感、有担当的人。

　　在这个城市生活我时常心存感恩。感恩并不是因为城市环境的优美宜人，而是在这里能让人静下心来，静下心来读书，静下心来思考，静下心来做任何你想做的事情。这份"静"，或者说是"专心"，来自整个社会的平静祥和，而社会又是由人构成的，人又是怎样成长起来的呢？由此我们又不能不提到教育，可见教育有着怎样的重要性，它不单单是教育出了什么样的专业人才，它最终的呈现方式是社会面貌。

第 3 章

他们认为这样是学习

玩着学

在和语言老师薇拉学习了两个学期后，苏宝接受了一次教育机构的专门测试，并且通过了考试。苏宝的荷兰语水平已经可以和同学、老师无障碍地交流，在书写等方面也达到了无障碍的要求。我们都感到轻松了很多。这就意味着我们从一开始就高度重视的"语言关"算是"通关"了。苏宝在学校的学习走上了正轨。

随着苏宝的适应与融入，我也在观察小学生们如何学习这方面有了一些心得，进一步了解到了这里的小学生们的学习状态是什么样子的。

先说一下小学生们的上学与放学时间：早上八点二十分上课，下午三点十分放学。中午基本是在学校吃饭，可自己带饭，也可吃学校餐厅的饭菜。这样的上学时间安排带给大家的感受是什么呢？是不是很轻松？而更轻松的，还是放学后的大把时间。

很遗憾这里没有教学观摩课一类的活动，对课堂教学的了解，只能听苏宝的介绍了。课堂上老师的要求不一，有的老师严格一些，有的老师宽松点儿，但都不像国内课堂那么严肃，老师也特别注意学生课堂上的参与。所以一堂课看似松散，但因为每个人都参与其中，走神、不专心的情况很少，一些练习随堂做，随堂核对，对出错率高的部分，老师会重点讲解，尽量提高课堂学习效果和效率。

而学校之外的时间，孩子们就是玩。

苏宝每天放学回来有两个经典动作：甩下书包，冲向冰箱。然后便趴在餐桌上边吃边看书。看的书，无非是漫画或她从流动图书馆借来的书。有时候，也会看电视。

最初的一段时间，她看一本叫作《Suske en Wiske》的漫画。看得专注入迷，看得痴痴笑笑。书是从夏洛特那儿借来的。她告诉我这本漫画书非常好看，故事里有个叫Lambik的人，十分有意思，他只有六根头发，最讨厌别人说他秃。

看来书是看得懂的。我也支持她多看些书，可是，每天都看这些"闲"书我又有些担心，我希望她多看看与课堂知识有关的书。毕竟眼下的困难还是存在的，虽说语言上已经符合"毕业"的要求，但是和母语的程度还是有一定差距的，跟班上的同学们比起来，要追赶的距离还是有的。

开始我能忍着不说什么，可是，《Suske en Wiske》这套漫画到底有多少本啊？夏洛特又买了多少本啊？苏宝是没完没了地看啊！每一次听到她无所顾忌地大笑，我都会充满忧愁地看她一眼。终于有一天我实在忍不住了，说："苏宝啊，把今天在学校里学的东西再复习复习好吗？"

"我都会了。"

"做点儿题吧。"

"老师没留作业，你让我做什么？"

"老师不留作业我留。"

"不行！你不能剥夺我的权利。"

"你有什么权利？"

"自由的权利，自己安排时间的权利。"

我气结，无可奈何，想用眼神对苏宝施加暴力，而她根本不看我。

苏宝每天放学回家，课本是不带回来的。最初我十分不解，看着她每天大把的时间不用来做"正事"心里就着急。

苏仲宇安慰我："只要苏宝在看书就行了，这里的小学生每天也学不了太多东西，在学校完全能消化的。"

可是他这样一说我更是慌神了。那时候，我和国内的朋友，以及苏宝国内同学的家长还有联系，这几个苏宝曾经的同窗，一到周末就去上补习班、兴趣班，为了拔尖、提名次在辛苦付出，再看看身边的苏宝，看闲书、看电视、玩，我怎能不着急呢？

那一段时间，我的心里充满了矛盾。不想让教育带给孩子过多的压力，不想只为了升学就遏制孩子的天性，不想就此剥夺了孩子自由成长的空间，不想她成为只会学习考试的机器……我们带着她出国，可是现在她自由了，轻松了，我又禁不住心中恐慌，我怕长此下去，苏宝会被"耽误"。

苏仲宇为此问我："什么叫被耽误？你希望你女儿怎么样？拯救人类？开发火星？成为一个最最重要的大人物，地球离了她不转？"

这话虽惹我生气，但我静下来细想也不是没有道理，我的心里稍稍放松了一些。而最终让我心里变得坦然的是苏宝的表现。本来是想说让我改变的是苏宝的成绩，可是她做过的检测很少写成绩，我只能看准确率。数学的答题纸出错率逐渐减少，直到基本没有错误；荷兰语的答题纸同样，错误在减少，写的内容从开始的两三句话，到后面越写越长……

再看苏宝，一如既往地"吊儿郎当"，我的兴趣一下子从只关注苏宝一个人的成绩转移到对这种教育方式的好奇。我始终没有看到我期盼的、也是我头脑中认可的认真学习的状态。苏宝不刻苦，其他的孩子也一样，为什么这种轻轻松松玩出来的学习效果这么好呢？

这样学会了游泳

除了文化课的学习，小学生们还有两科在我们看来不可思议的"必修课"，就是游泳和骑自行车。而这两项正是苏宝的盲点，该怎么让她学会？

因为小时候的一次可怕经历，我对水产生了恐惧，也就没想过让苏宝学游泳的事。到了这里后，第一次见克里斯蒂老师，她就提到了游泳的事，要我们给苏宝准备一个游泳包，学生们每星期都有一次游泳课，从不间断。

我一听说还要学游泳，本能地开始抵触。

"苏宝不能上游泳课。"

"为什么？"

"她不会游泳，而且，游泳是很危险的。"

"不会才需要学啊。我保证不会有任何危险。"

可是……我琢磨着说辞。我不明白为什么一定要学游泳，对苏宝来说，会不会游泳又有什么关系？克里斯蒂老师说："游泳是一项技能，掌握了这项技能是很有好处的，可以锻炼身体，可以带来乐趣，必要时还可以挽救生命。同时，这也是我们的教育内容之一，必须要学的。"

我带着郁闷回了家。到家才想起来，"游泳包"是怎么回事？又给老师打了电话才弄明白，游泳包和体育包差不多，是用来放泳衣、泳镜和救生用品的，是很简单的一个抽带小包。

让苏宝学游泳，我是有些不情愿的。游泳不过是一种技能，掌握与否不影响什么。加之以前也听到一些朋友讲过自己的孩子学游泳的过程，有一次听说一个小孩儿不敢下水，被教练不分青红皂白地扔进游泳池……那时候我就想，这样的举动会不会给孩子留下心理阴影，一辈子也不能摆脱。

但是这是学校的要求，不止圣彼得学校，所有的小学都这样，这是他们类似教学大纲的东西里规定的。每逢苏宝有游泳课的日子，我心里就忐忑不安。

学游泳，因为具有危险性，被我看成了大事。但是没想到苏宝学游泳，也是玩着就学会了。

第一次游泳课回来后，苏宝说大家换好衣服，老师帮她把"小翅膀"（一种儿童用的救生设备）戴在胳膊上，领着她去了一片浅水区，其他同学跟着另一个老师在她旁边的地方游泳，他们要游够多少米，苏宝也没听清。基本上一节课她都是在水里玩，玩得挺开心。

就这么上了四五次游泳课后，一个周三的下午，苏宝放学后把家校联系册拿给我。

"老师让你看看这个。"

我翻开一看，在当天的记录中，老师写了一句话：Super今天游泳课上游了20米。

"小宝，你会游泳了？！"我简直不敢相信。

"嘿嘿，今天老师给我讲解完该怎么游后，我就推着那块板子向前走，边走边想着老师的话，然后也不知怎么就游了起来。下一次我要游得更远！"

我特别高兴，不过还是很严肃地告诉苏宝："安全永远是第一位的，不许到深水区去。"

"放心，老师不许任何同学去深水区。都隔离起来的，我们想去也去不了。"

就这么容易地学会了游泳？我回味了一晚上，一直觉得不可思议。

我很高兴，找了一个合适的机会对克里斯蒂老师表示了感谢。那一次克里斯蒂老师第一次纠正了我的教育观念，她说："你在水中遇到过危险并不意味着别人也会遇到危险，不能因为你的原因就剥夺了孩子的一些权利。很多事情，在安全有保证的条件下，应该让孩子多多去尝试。还有，不能过分呵护孩子，要锻炼、指导她，让她体验更多，学到更多的技能和常识。"

也有过不去的"坎儿"

游泳轻轻松松学会了，可学骑自行车就没这么容易了。

初来这个小城生活，我们感到惊奇的是这个城里的人们是如此热衷骑自行车！原以为国外人人开车，骑自行车是很落后的行为，来到这里才发现，完全不是这么回事。我们一到这个城市，就发现骑自行车的人很多，不止是年轻人，满头白发的老人骑自行车的身影也时时出现。

城里的道路也规划出了专门的自行车车道，远离机动车车道，非常安全。这座城市是个大学城，不同的学院分散坐落在小城的各个地方，自行车便成了最方便快捷的交通工具。走在街上随时可见骑着自行车青春洋溢的身影，飞奔在上课、下课的路上。他们给这个古老的小城带来了青春的活力。

很多家庭都备有两种自行车，一种是普通的自行车，用于平时上班或购物时骑；另一种是公路自行车，用于假期长途骑行健身。

见多了，习以为常。可还是觉得骑自行车是私人行为，愿意骑便骑，不愿意骑就不骑。

直到苏宝入学后，我们才知道，骑自行车也是每个孩子的必修课，每隔一段时间，整个班级就会被带到指定的运动场或一个宽阔的地方骑自行车，可偏偏苏宝不会骑自行车。

国内城市里长大的孩子，已经对自行车比较陌生了。一方面上学有私家车接送，坐公交、地铁也便利了许多；另一方面，我们的道路安全没有保障，骑自行车对一个孩子来说的确很不安全。

我们从没打算让苏宝学骑自行车，正因为如此，有一天放学苏宝哭着回来了。

孩子需要骑自行车这件事老师没有事先跟我们提过，因为这里的孩子从小就骑自行车，小小年纪便被家长带着骑车上路，老师便默认了苏宝也是会骑的。

看着苏宝哭，我不以为意。我告诉苏宝，不会就不会，别的同学去骑车你就做别的好了。

"不行的，他们从一个地方骑到另一个地方，然后就直接回学校了，我怎么办？"

克里斯蒂老师跟我道歉，说她事先没有了解到苏宝的情况。她希望苏宝平时能够在家练一练，上课的时候她也会关照苏宝。

既然这样那就学吧，我觉得没什么，学骑自行车比学游泳容易多了。

第二天，苏仲宇买来了适合苏宝这个年龄的自行车，从此我每天又多了一项任务——教苏宝骑自行车。放学后的时间，就是我们练车的时间；家附近的那块空地，就成了我们练习的场地。空地上浅浅地覆盖着一层青草。草地的对面，是环城公路。

我原以为练习上一两个星期就可以了，可怎么也没想到苏宝胆子那么小。我给她扶着，她便能蹬几下，我的手一放开她就停下。

这样学了一个多星期，还是没有实质性的进展。我有点儿着急，跟苏仲宇抱怨："这孩子自我保护意识还真强啊！你说她怎么就这么胆小呢。没想到学个自行车会这么难！想当年我学车就用了两个下午，那还是二八自行车！"

苏仲宇说："顺其自然吧，这孩子一向缺乏运动细胞，你又不是不知道。"

我还是每天教她骑自行车，只是越教越灰心，苏宝也一样，总是没有进步，她自己也没多少兴趣学了。

"小宝啊，你不用怕，你看车这么小，即使摔能把你摔怎样呢？"我真是陪她练得有些不耐烦了。

"你说得轻巧，谁挨摔谁疼。"苏宝神经高度紧张，紧紧抓着车把歪歪扭扭地蹬着。

"唉，你勇敢点，你看很多比你小的孩子都学会了，而且骑得特别好，你也一定没问题，一定能学会的。"我耐着性子鼓励她。

然而，依旧进步甚微。我真想放弃了，只不过忍着没说出那句话。

苏宝不会骑自行车的事，警察都知道。

当地有一条法律，父母不可以将12岁以下的孩子单独留在家里，所以只要不是上学时间，我无论外出干什么都必须要带上苏宝。这样也好，我可以带着苏宝到外面多看看，多了解。逛街也可以成为学习的一种方式。我带她常去的地方就是超市、面包房，以及步行街的各种商店。

每次需要买东西的时候，苏宝都是主力。我把购物清单交给她，然后就跟着她走。选商品，询问店员都以她为主。起初苏宝胆小不敢开口，但我非常坚决地告诉她："你不开口就什么东西也买不到。"苏宝是在一种被逼无奈的情况下开口的，慢慢习惯了，也就自然了，不用我督促，有问题她主动去找店员。

有一天购完物回家的路上，苏宝忽然朝着马路对面喊了一声："嘿，迪克！"

我循声看过去，对面一位警察正在朝苏宝招手，不光招手，他还三步并作两步地过了马路来到苏宝面前。

"嘿，Super，会不会骑自行车了？"

哪壶不开提哪壶，原本兴头上的苏宝顿时萎靡了。

警察哈哈笑着，说："你要多练习，勇敢点！"说罢道了再见，回到马路的对面。

我诧异不已，苏宝怎么认识警察？警察还知道她不会骑自行车？

苏宝说："这个警察曾带我们班学习过几次啊。"

怎么警察也参与到学校教育中了？

学习绝不仅仅局限在课堂上，这也是整个社会的共识。

小学生们要学的内容十分广泛，课本是一方面，日常生活中的各类规范也是一定要学的，这是成为一名合格公民的应有素质。

因此，警察常常走进学校，给孩子们讲解法律知识，带他们参观警察局，或是带着他们走到大街上，学习交通规则。

"每次外出骑自行车的时候都是他和老师带着我们。"苏宝说着似是又想起了当时的情形，便愁容满面，"骑自行车好难啊，我是永远学不会了。"

除了学自行车，苏宝做什么都不怕，而且什么都做得很像样。虽然早知道学校里十分重视学生们动手能力的培养，可是有一天苏宝放学回家拿回来一辆木头做的卡车的时候，还是让我好一阵惊喜。

"妈妈，看看我的成果。"

我十分喜欢这辆精致的卡车。"都是你一个人完成的？"

"嗯，除了圆圆的车轱辘是老师给的，其他都是我做的。每个同学都是独立完成的。我们先画出卡车的图纸，然后测量尺寸，在木板上画出需要的尺寸，然后用锯子锯出合适的木板，然后组装。妈妈，你知道吗，我们用到好多材料呢！钉子、螺丝、木板、锯子，还有胶，这些是老师给的。我们做得都很开心。对了，我之前还做了一个小书架，就在教室后面摆着呢。"

"好，好。"我举着木头卡车喜滋滋地端详着，"把它放到书架上展示吧，对了，要不要刷漆？"

"不要，原木颜色的才好。"

"那好，依你。"

苏仲宇回家后，这件作品又被郑重其事地介绍了一番，苏仲宇仔仔细细地看着："别说，还真不简单。好啊，我们家出了一个小木匠。小宝啊，这么复杂的东西都能做，怎么就学不会骑自行车呢？"

随后每隔一段时间，苏宝就会把学校里做好的各种手工成果带回家。香皂、浴液、相框等等。

后来有一天，我回家时发现一盘烤好的饼干，苏宝笑说是犒劳我的，苏仲宇发誓说他绝没有帮忙，都是苏宝一个人完成的。毫无疑问，这也是从学校里学来的。

饼干闻着挺香，吃起来酥脆，甜度也刚刚好，学校真是不错，把做饭的技能也教给了孩子，让我们家长少了一些后顾之忧。遇到假期，苏宝很有兴致将一些时间消磨在厨房里，烤饼干，或者蛋糕，我也常常用苏宝做的饼干、蛋糕招待下午来家里聊天喝茶的朋友们。我去别人家里，也会尝到那家孩子的手艺，不必惊奇，每家孩子都会几手。我们这些妈妈曾开玩笑："这下好了，假如哪天不在家，孩子们也饿不着了。"

出国后常常感叹外国人的动手能力实在太强了。小到家里花花草草的侍弄，大到房屋装修，都可以自己动手搞定。也许有人会说这是因为国外的人工费太贵，不得不自己做，可是即便是想省钱，也得自己会做呀！人家就是什么都会，这是普遍现象。认识的一个朋友家里装修，就是夫妇两个人利用下班时间或假期来做的，水路改造、电路改造、墙壁贴瓷砖、屋顶刷漆、铺地板等等，都是自己做，做出来的活儿也漂亮，令我赞叹不已。原来人家是从小就开始学习、训练了。

学习是件快乐的事

苏宝上到五年级的时候，终于每天有作业了！

在这之前，每天放学见到苏宝，我脑子里首先想到的就是作业，条件反射一样，自己想想都觉得可笑。有时候还是要问问，有时候，我就忍着不问，如果有的话，苏宝自然会写。那阵子作业快成我的心病了。

虽然家庭作业量很少，苏宝基本上半个小时就能完成，可是每天见到苏宝放学后的第一件事是摊开作业本写作业的时候，我的心里说不出地踏实。很多时候，我对自己的想法和做法暗暗摇头，我受到的教育对我影响太深了，对孩子教育的问题，我还是很难"潇洒"起来。

苏宝每天傍晚半个小时的作业时间结束后，就和以往一样，专心于她的各种课外读物。这样过了一段时间后，我意识里那个隐藏了一段时日的不满足，又渐渐苏醒了，这份不满足是什么呢？

"我说苏宝，作业写完了要检查一遍啊。要养成检查作业的好习惯，发现错误及时改正。"

苏宝说不用，写作业的时候很认真了，不会有问题。

我有点儿不甘心，想起我们上学时老师、家长的叮咛，我希望苏宝也那么做，作业做完要检查，甚至，我愿意帮苏宝检查作业。

说得多了，苏宝不耐烦。"你不要总是这么唠叨个没完，作业的事你不要管，也不用你来检查，你只管每天给我做饭让我吃饱就行了，我知道怎么学习。"

我被噎得一时不知该说什么，瞪大了眼睛看着苏宝。那个曾经胆小、怯生生的小女孩，如今翅膀硬了？

我向苏仲宇发牢骚："这个没良心的小孩！现在就嫌我唠叨了，可怜我一片良苦用心啊！"

苏仲宇大笑，我也笑了，这个时候我心里也有着些许无奈，我们所认为的那些好的学习习惯，似乎不太行得通，但我并不真的伤心，毕竟苏宝在进步着。

苏宝学得很好，包括五年级开始学习的法语、拉丁语，虽然多加了这两门全新的语言，可她每天看"闲书"的时间一点儿也没有减少。

我在国内时也听说过"快乐教学"，苏宝在这里上了两年学后，我是真的体会出了这快乐教学的含义。不论学校的老师还是家长，甚至整个社会，都有这样的共识：放松是最好的状态，没有压力，没有过多的功利意识，反倒更能让自己全身心地投入到学习中来。

课堂上的氛围也是轻松的，每个孩子都有自由表达自己的权利，没有条条框框，没有规定出来的一步一步的标准答案，这让孩子们的思维始终处于一个自由活跃的状态。

学习是件快乐的事。在轻松愉快的环境下学习，心情是快乐的，不管孩子的学习成绩如何，孩子对书本都有着或深或浅的感情，也就不太可能出现毕业后烧书、撕卷子这类近乎发泄愤恨的行为。

除了在学校里，在课堂上的学习之外，孩子们玩耍与看书的时间，也是学习。

先说玩耍，孩子们之间的游戏。

苏宝课余时间和同学、朋友在一起玩的时间不少，彼此间经常互相串门玩。一方面这边的假期多，另一方面我很鼓励苏宝这样做。家里只有苏宝一个孩子，我希望她能学会和其他人相处。父母的说教很多在孩子听来是空洞的，而且，作为父母，在和孩子的相处中总会不经意地有"谦让""迁就"的成分，而她和其他同龄孩子在一起则不会存在这样的问题，大家都是平等的，这会让她学到更多，更有利于她的成长。

苏宝和小伙伴们的这种关系，让我想起了我小的时候。我们那时候的孩子，比现在的孩子乐趣多多了。我们没有上不完的辅导班、特长班，放学后也是自由玩耍的时间，经常是三两个好友玩在一起，你家，我家，他家……有时在一起写作业，有时玩一些小孩子的游戏，好像在学校相处了一天仍然不够。那真是一段快乐的时光，以后无论什么时候回忆起来，心头都充满快乐，想起儿时的玩伴，也是满腔深情。

我希望苏宝也能体会到这份快乐，拥有这份快乐的回忆。

再说看书。老师鼓励孩子们多看书，看书也是学校教育的一部分。针对某一段时间，老师会给孩子们开列一个书单，数量不等，或三本，或五本。

孩子们在规定的时间读完，有时候也以此作为一次考试。孩子们通过读书，熟悉作者，熟悉书的内容，写出自己的感悟，却不用说出我们上学时标准的中心思想和段落大意。孩子们都有自己的见解，老师把握的是大的方向。

这样的教育模式，不仅是在完成学校的教育任务，也培养了人们爱读书的习惯。读书应该是伴随一生的习惯，它浸透在生活的每一天。

神秘的笔记本

苏宝有一个曾经让我担忧了好几天的杏色笔记本。后来我才知道，这个杏色笔记本的出现和读书有关。既然和读书有关，为什么会让我担忧呢？

当我第一次发现这个笔记本时，我很是好奇。我不记得给苏宝买过这样的笔记本，笔记本看上去非常高档。更让我感到奇怪的是，苏宝遮遮掩掩的行为。

这个笔记本第一次在我眼前出现时，苏宝正在摆弄它。我随口问了一句："你在干什么呢？"

她大概没觉察出我来到了她的房间，慌忙藏起了本子。本来我并没太在意，她这样一藏，我反倒更好奇。

"给我看看。"

苏宝坚决不肯。

我想了想，也没有强迫她。可是这个笔记本却让我浮想联翩。

第二天苏宝上学后，我在她的房间里没有找到那个笔记本。肯定是带去了学校。我坐下来发呆。"难道是早恋？可是她只有十岁，也太早了啊。可是除此之外，她又有什么要对我保密的呢？"

苏仲宇的话更是让我心惊肉跳。"这边的孩子成熟得早，有男女朋友也不稀奇，课堂上都已经进行过性教育了。"

他看我真的紧张了，又劝我先不要胡思乱想，说直接找苏宝问清楚就好了。

可是这一天我一个人在家，止不住地胡思乱想，苏宝真的早恋了怎么办？这个问题我以前还真的想过，毕竟有了孩子，谁知道会遇到什么事情，我是个习惯未雨绸缪的人。当时我想真的有一天发生了这样的事情，我会陪着她度过这段时期。这种感情是值得尊重的，是纯美动人的，这最初的感情是最圣洁的，此后的人生中，恐怕再也难有这样的感情了。

这是当初的想法，很美好，可无法减轻我今天的不安。还是按苏仲宇说的，开门见山问清楚吧。

晚上我来到苏宝的房间，发现那个笔记本就压在两本小说的下面。我坐在她身边，指了指那个笔记本，说："那个笔记本挺漂亮的，可是怎么不记得我什么时候给你买过这个本子的。"

"那不是我的，你不要管了。"

"不行，我必须管，这是我的责任。你也必须告诉我实话。"

"那是夏洛特的。"

是夏洛特的！那就和早恋没关系了！

"夏洛特的笔记本为什么在你这里？"

"我不能说。"

"不行，我今天一定要知道这个笔记本是怎么回事。"

苏宝见我态度坚决，不得不说了实话。原来世上本无事，是我庸人自扰了。

她和夏洛特都是小书虫，平时书看得多了，忍不住自己也要动手写一写，于是两个人便商量了要做这么一件事。

"我们俩在写故事，每人写一段，等我们的故事写完了就拿去出版。"苏宝说。

"这是好事啊！你为什么拿着这个笔记本又收又藏的？"

"我们商量好了不告诉爸爸妈妈，不告诉任何人，是想给你们一个惊喜。"

我彻底地放了心。不仅如此，我难掩心中的喜悦。"你已经给我一个惊喜了。能给我看看你们写的东西吗？"

苏宝不太愿意。在我的执意请求下，她勉强答应只允许我看一小会儿。

我如蒙大赦一般，带着无比的好奇迅速翻开了那个笔记本。

但是……

映入眼帘的那些龙飞凤舞的手写体一下子难住了我，我们学英文时写的字母和她们的手写体还是有点儿区别的。

我努力辨认着，可还是看得不太懂，隐约觉得写的是一个发生在电影院的故事。我和苏宝几乎同时接触荷兰语，可苏宝比我学得快，学得好。

我不甘心，还想再看出些眉目，却被苏宝叫停了。

"好了好了，你不要再看了。我和夏洛特都说好了不给别人看的。"

"好，好，不看了，不看了。"

苏宝拿走了她的笔记本。

不过，我还是有些不理解。

"苏宝，你现在的语言水平可以写故事了？写出来真的有人会给你们出版？"

"你不相信我？"

"不是，我只是觉得……"

我还没讲完苏宝就哼了一声。"我当然能写，夏洛特也会帮我修改的。"

"好好，妈妈没有不相信你，妈妈也很高兴，你的语言掌握得这么快，这是好事。写吧，我支持你，不管能不能出版。"

我真的感到心满意足，为苏宝的进步。虽然我一直都没有看到我希望看到的学习过程，而结果却如此令人满意。我情不自禁又想起了那句话：放松是最好的学习状态。这句话是谁说的？薇拉老师？克里斯蒂老师？或许她们都说过。

这大概就是整个社会的共识了。

苏宝也曾说喜欢这里，因为学习没有压力。

孩子们每天都轻轻松松，可学到的知识一点儿也不少：课本上的、社会上的、生活中的。

不动笔墨也读书

苏宝的进步有目共睹。回顾苏宝这一段上学的过程，我总结有这样几处细节与我们的教育方法不一样。

之前提到过，放学后学生们的课本不带回家，致使我们强调的课后学习的那些要求，诸如复习、预习等无法进行。课本虽然不带回家，但是学期初家长和孩子必做的一件事就是买一些包装纸，给所有科目的课本包上书皮，保持课本的干净整洁。这种情况到了五年级有所改变。五年级的时候，一个星期中有那么两三天课本是带回家的，这时候学生们开始有少量的作业。

我还记得第一次听苏宝说今天有作业时的惊与喜，呵呵。

苏宝放学回来后照例是先找了吃的，然后坐在餐桌旁，打开了书包。

"妈妈，今天有作业。"

"啊？有作业了？真有作业啊！"看着苏宝确实在作业本上写着，那一刻我无比高兴，惹得苏宝十分不满，说："你早就希望这样了。"

"对，那当然。你说学生不写作业算怎么回事！"

苏宝写作业，我心里自然是欢喜得不得了，在一旁翻看她的课本。打开一本，再打开一本，越看越疑惑："苏宝，这是你一直用的课本吗？"

"是啊，怎么了？"

怎么了？里面干干净净，与新拿到手的课本的区别仅在于书页上翻看过的折痕，而且也是浅浅的。这课本是怎么用的？课是怎么听的？

我上学的时候，老师的教诲是"不动笔墨不读书"，不在书上写画的学生会被老师认为懒。再看看这课本，干干净净。笔记呢？重点呢？

"苏宝，你听课的时候不画下老师讲的重点吗？"

"老师讲的记在脑子里或另一个笔记本里，书上是不能写画的。"

"为什么呢？"

"因为我们这个年级学完后还要把课本留给后面的同学啊。"

我这才知道，小学生的课本是循环使用的，保护好课本是大家的责任。

当语言不再成为苏宝学习过程中的障碍时，曾发生这样一段插曲。我们当初选择圣彼得学校只是因为学校离家近，其他都没有考虑。这时候，一些朋友就建议我们转学，建议我们把苏宝转到在这个小城里久负盛名的一所学校去。那所学校曾经是辉煌一时的女子学校，目前虽然已经男女同校，但因为过去的光环，仍让很多中国家长趋之若鹜，纷纷把自己的孩子送进这所学校。现在苏宝已经不存在语言障碍了，就应该离开名不见经传的圣彼得学校，而且圣彼得学校有不少其他族裔的学生，例如非洲裔、南美洲裔和亚洲裔的学生。

我觉得这么做有过河拆桥之嫌，苏宝之所以语言进步这么快，全赖于圣彼得学校有专门的语言辅导老师，而其他学校没有。我毫不犹豫否定了这项提议，但是也还是想听听苏宝的意见，假如苏宝在这个学校里并不开心……

　　"为什么你要让我转学？我不走，这个学校里有薇拉老师，有夏洛特，我不走。"

　　对，我们不走！这里有着苏宝成长的足迹，有老师们为她付出的心血，有她失意的泪水和进步的喜悦，有太多值得珍惜的回忆。

第Ⅴ章

家长会是这样开的

令人眼前一亮的家长会

你喜欢去开家长会吗？很多时候这个问题的答案取决于孩子学习成绩如何。不管喜欢还是不喜欢，自从做了家长后，我们都慢慢熟悉了家长会。

家长会是家长和学校的联系方式，是家长和老师间直观全面的交流。家长会的目的是让家长了解学校的一些教学活动，更重要的是了解自己孩子在学校的状态，包括学习、纪律等方面。

几十个学生的家长坐在一间教室里，先听广播，通常是学校的德育主任讲话，然后是各位科任老师介绍各学科的情况，和历次考试成绩，表扬学习好的同学，痛批学习差的同学，最后是班主任总结。这个环节很重要，关系到每一位学生在父母开完会后对待他的态度。每次家长会后，几家欢笑几家愁。

身为家长的我们，对这种形式再熟悉不过了。每次家长会虽然结束了，但是并没有满足家长们的心理预期，大部分家长是不会马上就离开的，他们要了解自己家孩子的情况，还得和相关老师单独交流，班主任和几位科任老师身边都围了一圈人。一想到十几个家长围着老师的场面我就心中发怵。一般情况下，我围着等好久也抢不到和老师对话的机会便知难而退，心中自我安慰道：孩子学得好才是硬道理，其他说多少都没用。呵呵。

苏宝在圣彼得学校上学后第一次听说要开家长会时，我就琢磨着会不会来个昔日场景重现呢。

正是因为对经历过的家长会有着根深蒂固的印象，所以第一次见到苏宝拿回家的家长会通知，我们感到一头雾水，无所措手足。

我其实是盼着开家长会的，那样我就可以多和老师聊聊苏宝的事情。关于苏宝在学习上的各种表现，我总想了解更多，平时的那个家校联系册根本起不到我预期的作用。

比如，苏宝在学校的时候和同学相处如何？和老师相处如何？老师怎么评价她？她现在的学习情况在什么水平？和同班同学的差距还有多大？诸如此类的问题，家校联系册怎么能回答得了呢？

平时去学校找老师了解？也不是不可以，我也找过几次了，因为不放心苏宝，因为一些事情不懂，还因为想让苏宝的学习提高得更快一些。后来我自己不好意思再去找老师了。因为老师们都很忙，很可能为了接待我而耽误了其他事情，还有一点，找了几次后，忽然感觉自己好像很事儿的样子，问的一些事情在老师眼里纯属大惊小怪。没办法，这中西方的教育理念有差距，而我，一时是扭转不过来的。

苏宝也提醒过我：不要总到学校去，好像你是个问题妈妈，同学们见了都觉得奇怪。

于是，我就只能盼着家长会了。

苏宝有一个不好的习惯，总是把学校的通知拖到最后一刻才拿给我们，为此我不知向她强调了多少遍，要她每次都第一时间把学校的通知拿给我们，我告诉她："我们刚来，很多事情都不懂，不懂就要去问别人，或者向老师了解，我们需要了解的时间，所以你不能等到最后给我们，那样我们做什么都来不及了。"

每次跟她讲完她都点头，可是过后，仍是一如既往，仍旧让我们在一些事情上措手不及。

这份家长会通知也是这样，最后一刻才摆到我们面前。

临睡前整理书包，她才把这张通知递给我，我一看就着急了。

"老师让签了字明天带回去。"她知道又做错了事，低头小声说。

我深吸了一口气，不满地看了她一眼，然后拿过了通知。

通知上写得清楚，开会的时间是下个星期四的下午四点开始，随后下面又列了几个时间段，由家长选择，每个时间段为十五分钟。另外还要求家长写清楚约见哪位老师。

"难道我们选择了哪个时间段就在哪个时间段过去？不是家长会一开始就去？不是所有家长一起开？"这通知看得我非常迷惑，我顾不得责备苏宝，求援似的望着苏仲宇。

苏仲宇自然也不清楚，苏宝更是语焉不详。看看时间已晚，不好向别人打听，带着疑惑，我们商量后选择了晚上七点的那个时间段，至于要约见的老师，那时候教苏宝的只有克里斯蒂老师和薇拉老师，全部都写上了。

通知交上去了，我一方面对家长会充满了好奇，向朋友打听家长会是怎么开的；另一方面开始盘算到时候跟老师交流什么。我静下心来把苏宝仔细分析了一通：性格不是很开朗，学习上不算很自觉，还有些贪玩……当然我更关心她在学校的表现、和同学相处得如何。

到了星期四的傍晚，我们一家三口出了家门。不能把苏宝一个人留在家里，只能带着她一起去学校。在往常的日子里，这个时间是我们一家散步的时间。不记得当初是我还是苏仲宇的提议：我们出去走走。这个安静优美的小城有着许多令我们着迷的景致，应该去领略、去感受。我们常对苏宝说："书里的世界我们要探寻，而眼前的世界更需要了解。"

几次散步之后，我们三个人都喜欢上了这项活动。我们称之为"发现之旅"，因为说不定在哪一条不起眼的小街深巷中，就会发现一处中世纪的建筑，或者曾经被作为行业协会来使用，或者是曾经的咖啡馆。我们也会不时发现有上百年历史的民居。这些历史悠久的建筑，如今依然在正常使用中，堪称奇迹。

每一次这样的发现，都令我们兴奋不已。

可是今晚这一趟学校之行会有什么样的收获呢？我不禁看了一眼走在身边闷闷不乐的苏宝，无言。我们三个今晚都有着同样的心事。

到学校后，苏宝和其他因家中无人看管被带去学校的孩子们一起，去单独的房间里玩。在和我们分手时，她紧抓着我的手，嗫嚅地问："老师会说什么呀？"

"不要担心，你一直表现很好，老师也不会批评你的。去那边好好玩吧。"我安慰苏宝的思路，依然是我固有的思路，苏宝才来几个月，老师自会指出她的一些缺点，我也做好了思想准备，不管老师口中是怎样的苏宝，我都接受。毕竟是从语言一窍不通开始学习的，和别人存在差距是肯定的。

苏宝走了，我和苏仲宇才将注意力集中到这次家长会上，我们既好奇又有些不安。等到家长会结束，我和苏仲宇不仅松了一口气，而且对这种家长会形式赞不绝口。

家长会的目的是什么？无非是要家长了解自己孩子在学校的学习和生活情况，这个家长会虽用时不长，却完全解决了这个实际问题。用苏仲宇的话说："性价比很高。"

"就是啊，我们要了解的就是自己孩子的情况嘛，国内那种家长会，每开一次至少耽误半天时间，讲些形式的、表面的东西，听班主任表扬几个好的同学，再点名几个差生，而自己家孩子的实际情况怎样却了解甚少，每次去开家长会我都觉得是耽误时间，要想了解自家孩子的情况还得私下找老师，可那时候一堆家长围着老师，能说什么啊！"

当天晚上，到了我们约的时间，我们依次见到了两位约好的老师。不过我们没有从两位老师那里听到一句对苏宝的不满，一句都没有。她们从苏宝刚刚进入班级说起，告诉我们她们是怎么辅导苏宝的，苏宝又取得了哪些成绩和进步。甚至有那么一瞬间我恍惚感觉，她们比我这个当妈妈的更了解苏宝，特别是苏宝的优点。

"苏宝真有那么好吗？她真有那么聪明？基本能听懂数学课的讲课内容了？"一离开两位老师我就心里嘀咕，接了苏宝回家，把老师的话转告给苏宝，她也十分开心。

我们虽然感叹这样的家长会形式好，可是心里依然对此有着陌生感，也有可能是好话听得太多了，感觉不那么真实。

Super girl的诞生

以后再开家长会的时候，情况就好了很多。我们不仅熟悉了整个流程，而且带着十分盼望的心情等待着。这时候我们一家已经在这里生活了一段时间，渐渐地对周围的事物及学习有了更进一步的了解。我们也有了和老师交流的更多的话题。我们更想知道苏宝这段时间的表现，取得了什么样的进步。因为苏宝此时在语言上很有长进，学习已经进入了一个新的阶段。

每一次家长会我们基本都沿袭第一次的做法，将时间定在晚上。这次圣诞节前的家长会也不例外，我们依旧将约见老师的时间定在了晚上。已是十一月末，寒意渐浓，尤其是在晚上的时候。虽然路边的植物依然绿意不减，看上去却已不似夏秋时节柔美，而是显得僵硬干燥了许多。街上行人寥落，偶遇到归家的人无不脚步匆匆，有的竖起衣领，有的用围巾遮住了半张脸。起风时，会有几片落叶在半空中飘飘荡荡落下，在行人的脚边盘旋。大街上一派寒意萧索。唯有弥漫在空气中的烤面包的香味，带来些暖融融的气息，让路上的行人们更加渴望家的温暖。

我们也同样脚步匆匆地赶往学校。

正如我们之前预计的那样，苏宝语言学好后，其他的学习已不在话下。学习上的困难少了，能和同学们交流了，很快苏宝便得了一个绰号。这还要从苏宝刚刚入学那天说起。

苏宝入学的第一天，老师跟全班同学介绍她时说："我们有一位新来的同学，一位可爱的中国女孩，她叫Super。大家在一起要好好相处，做好朋友。"

苏宝回到家说老师叫她Super，还有同学小声笑。我们并没有给苏宝取外文名字，老师是按她的中文名字发音来介绍的，读不准，便成了Super。还需要给苏宝取个外文名字吗？想想还是算了，我跟苏宝说："没关系，Super也很好。"

有了Super这个名字，便有了后面"Super girl"这个绰号。

第一个叫出"Super girl"的是一个名叫文森特的男孩子，从苏宝的描述中得知，他是一个非常安静、酷爱做折纸、曾经折了纸鹤送给苏宝的男生。苏宝五年级的时候，文森特一家搬到了另一个城市，他也要转学走了。那几天苏宝十分伤心，她要送给文森特一份礼物，她说文森特对她来说很重要！我忙问原因，苏宝说："你还记不记得我给你看的纸鹤？"

我想起来了，那个纸鹤就是文森特送给她的。在苏宝刚入学那会儿，因为语言不通，没有人跟她玩，特别是课间，她经常一个人坐在座位上，或看着同学玩，或看着窗外发呆。忽然有一天，她发现坐在她右侧后面一排的文森特也常常一个人坐在座位上，不过他可不是在发呆，他是在专心做手工。课桌上摆着一沓五颜六色、大小不一的纸，文森特拿过一张纸，摆弄了一会儿，一只漂亮的纸鹤便诞生了。苏宝平时也是喜欢手工折纸的，此番发现了同好，看得格外起劲。不过，她不敢跟他说话，只是默默地看着，看着他灵巧的双手又能折出什么花样来。文森特做手工时是那么专注，任身边各种喧闹声，他如若置身于另一个世界，偶尔抬头，文森特感到了苏宝的目光，转过头对她笑笑，几分钟后，他就拿着一只折好的淡黄色纸鹤过来送给了苏宝。

苏宝看着他用几天的课余时间折出了一条彩练，克里斯蒂老师高兴地用彩练装饰教室后面的书架。那是用不同颜色的纸折成的，颜色搭配得非常好看。

苏宝拿到纸鹤的当时只说了谢谢，可是心里却充满温暖，她第一次感受到来自同学的友好。我理解了苏宝所说的文森特对她很重要的含意，不光是初次友好的表示，当文森特喊出"Super girl"时，又给了苏宝莫大的自信。

那是在克里斯蒂老师的数学课上。克里斯蒂老师的课上总是那么活泼灵动，即使是面对枯燥的数学，孩子们也学得开开心心。她非常重视和孩子们的互动，一堂课的大部分时间都留给孩子们。可是她的课又绝不是松散的，她把一个个问题抛给孩子们，这些问题之间有着渐进的关系，由易到难。孩子们在解决问题的同时，不知不觉地提高了对知识的掌握程度。尤其是面对难题的时候，克里斯蒂老师对孩子们说："我不希望看到你们愁眉苦脸的样子，解决难题是向自己挑战，要体会出其中的乐趣。"

在那堂课的尾声，克里斯蒂老师有意要考查下孩子们解决综合问题的能力，读了一道很有难度的应用题，让孩子们听完题后，在纸上作答。她刚刚读完题后没几分钟，苏宝就高高举起了自己的答题纸。

这是克里斯蒂老师课堂上的要求，谁答完了就举起答题纸示意。

克里斯蒂老师快步走到苏宝身边，她看到了一份完整、准确的答案，于是兴奋地向大家宣布苏宝第一个准确快速地答出了这道题。

克里斯蒂老师话音一落，文森特就喊了一声："Super girl！"

克里斯蒂老师的数学课上，会让学生到黑板前做数学题。有时候是克里斯蒂老师点名某个同学去做，有时候是谁会做谁就主动到前面去做。

苏宝第一次被叫到黑板前做数学题那天，她回家时心里特别兴奋。"妈妈，今天克里斯蒂老师让我去黑板前为全班同学做题，我做对了，克里斯蒂老师为我鼓掌了，我觉得到前面去做题没什么可怕，下次再去做题我也不会害怕了。"

被叫作"Super girl"后，苏宝告诉我，当同学们叫她"Super girl"的时候，她才敢主动到黑板前去做数学题。

是这个绰号让她有了信心和勇气。

被叫作"Super girl"的时候，苏宝已经上学近两个月了，看得懂每道数学题，做题的速度和准确率班上无人能及。当有的同学还在苦思冥想的时候，苏宝早已轻轻松松地完成了。

一次放学接苏宝时，我遇到了克里斯蒂老师，她跟我说了一番话，这番话让我心潮澎湃，无比激动，我知道苏宝已经能和同学们同步学习了。

克里斯蒂老师讲到了苏宝的学习状态。她说："Super非常聪明，我讲课的时候，从她的眼神中，我判断出她的思维在跟着我，当我跟她眼神稍一触碰，我就明白她听懂了，学会了。她是我们的数学天才。现在我们都叫她Super girl。"

也正是从那时起，我们才确定，苏宝的数学学得很好。

两个课堂，不一样的表现

　　说到数学，我心里还有个很大的疑问，准备这次家长会上向克里斯蒂老师询问，可还没等我开口，克里斯蒂老师就主动谈到了这个问题。

　　克里斯蒂老师先拿出苏宝九月、十月两个月的成绩报告，向我们介绍了考试内容，然后详细地向我们解释了成绩单、苏宝的成绩，以及班级平均成绩。自然苏宝的成绩都不错。随后，克里斯蒂老师又对苏宝在课堂上的作业做了点评，并说苏宝的数学能力太强了，她已经单独给她加了学习内容。

　　"不知你们是否注意到，Super的数学作业和别的孩子是不一样的。"克里斯蒂老师说。

　　我之前想要跟老师沟通的就是这个问题。我是在很偶然的情况下得知苏宝的数学作业和别的同学不一样的。

　　有一天晚上，苏宝都准备睡觉了，有同学打电话问苏宝数学题，苏宝忙拿出纸笔进行一番计算，然后给同学讲解。电话打完后，我就叫住了苏宝："马上准备睡觉了，你还没写完作业？"

"我写完了，只是她问的这道题不是我的作业，我有自己的数学作业。"

"为什么你的作业和别的同学不一样？"

"老师说那些题对我来说太容易了。"

"有这种事？"

我那天晚上跟苏仲宇嘀咕："这算是因材施教吗？听苏宝说几个星期前老师就这么做了，给她单独留作业。"

这个疑惑此时在克里斯蒂老师这里得到了答案。

"Super的数学水平比班上其他同学高，再重复做那些题没有意义，浪费时间。所以我给她单独留了一些作业，我会针对她作业中出现的错误指导她。"

我没想到学校在教学上这么灵活。克里斯蒂老师还说根据不同的学生，学校有不同的安排，比如有的学生学得好，可以不写某一部分的作业等等。在家长会后，我也思索过这种方法的意义，这是一种非常积极的做法，是对学生学习积极性的培养和爱护。但在当时面对克里斯蒂老师时，我又想起了另外一个让我不放心的问题。而克里斯蒂老师的回答，让我心里受到了不小的冲击。

我关心的问题是："苏宝在学校的表现怎样呢？和同学的交往，和老师的互动方面如何？她是不是很活跃？"

克里斯蒂老师耸耸肩，说："她现在语言有了很大的进步，和同学交往也多了。但是我发现，她只和固定的一部分同学一起玩，并不是和全部同学都有交往。课堂上，上数学课的时候她表现得很好，但是还有些害羞，需要我问到她，她才肯回答问题。还有，她有一点点懒，可以自己做的事情她却要别的同学帮她做。也许，不能说她懒，是因为她害羞，不愿意多讲话。但是，她很聪明，非常非常聪明。"

我有点儿担心了。"这么说她还是不够活跃？"我了解苏宝是个性格内向的孩子，有时候我甚至为此感到苦恼。

可是克里斯蒂老师却说："没关系啊，她已经表现得非常出色了，每个人的个性不同，你不能要求所有的孩子都外向活跃，有的孩子性格就是内向的，但是他们同样有着阳光般的内心啊。苏宝的性格是内向的，但这不是缺点。性格内向的孩子通常也更敏感一些，这是他们非常宝贵的品格。内向敏感的孩子一般是不会无所顾忌地伤害别人的，他们是善良的，他们很在意别人的感受，有同情心，懂得爱与珍惜。像苏宝这样的个性，使得她观察能力很好，善于思考，这些都是非常可贵的。"

但是我还是觉得这是个问题，想了想又问道："那么除此之外其他方面呢？她还有哪些缺点和不足？"

"缺点和不足？"显然这个问题让克里斯蒂老师感到吃惊，"我们不是该看到和记住孩子们的优点吗？我们要将他们朝着我们希望他们成为的那种人的方向引导，而不是盯着他们的缺点啊。你女儿已经十分出色了，你还有什么不满意的呢？"

我一时心中五味杂陈，难说清楚是喜是忧，还是为自己的问题感到愚蠢不安。

克里斯蒂老师又说："Super不仅聪明，她还是个很有想法的孩子。我们在课堂上会有一些测试，我发现，如果哪一次Super的成绩不好，她就会很认真地研究出错的地方，找到自己弱的那方面。那几天里我能看出她很努力地弥补，直到她认为可以了。同时，我通过观察她解答数学题，发现她有着学术型的思维习惯，这非常好，我希望她能在这条路上走得远一些。"

这一刻，我确信自己心里是感动和满意，对苏宝，也对老师，她们所做的一切让我感动。相反我倒觉得自己不是一个合格的妈妈了。我非常重视苏宝的学习，可谓用心至极，用心良苦，可是我关注的效果如何呢？注意力过分集中在孩子的不足上，真的有利于孩子改正不足吗？还是适得其反？过分地关注成了时时在给孩子施加心理压力，时时让孩子意识到自己不足的地方，从而产生心理的认同或自卑，更不利于改掉缺点。我需要反思。

接下来见的是薇拉老师。照例是先看苏宝的考试成绩和课堂作业。说到苏宝，薇拉老师笑得合不拢嘴。"我很喜欢她，她非常聪明。学习也很认真。只是，现在她太爱讲话了，我上课的时候不得不请她闭嘴，先听我说，我说完了她再说，哈哈！"

"啊？还有这样的事？"我和苏仲宇面面相觑，"刚才克里斯蒂老师说她上课不爱发言啊，这是怎么回事？"

"她是个Super girl，确实是！她目前的语言水平已经达到五级，到八级的时候她就不必跟着我学习了，这一天很快就会到来。她聪明，理解力强，一学就会。"

初冬的晚上，空气是冷的，我不时拉紧大衣的领子，可心里却是温暖的，我找到了和苏宝共同努力的方向。

苏宝急于知道老师对她的评价如何，在我们身边问个不停。

"你很好，聪明，理解力强，能很快掌握所学的知识。但是如果能和同学们多些交往，如果能在克里斯蒂老师的课上更踊跃地发言就更好了。"

克里斯蒂老师的话启发了我，我想我们的教育方式也应改变，我们要用积极、正面的方式表达我们的观点。

"可是，"苏宝低下头，"我怕说不好。"

"那为什么在薇拉老师的课上就可以说个没完呢？"

苏宝抬起头，眼睛里闪着狡黠的光。"因为薇拉老师的班上人少啊，说错了也没关系，即使丢人范围也不大。"

我和苏仲宇哈哈大笑。

我告诉苏宝，在克里斯蒂老师的课堂上也不用怕，要勇敢地表达自己。犯错误后能学到正确的知识就够了，犯错也不丢人。

细看苏宝的成绩册，也并非每个科目都尽如人意，体育一直是苏宝感到艰难的科目，克里斯蒂老师在家长会上已经指出苏宝的体育成绩勉勉强强够上班级平均水平，让苏宝平时多运动，增强体质。听了老师的话，我们不由得苦笑。我们都了解苏宝的情况，如果哪一天苏宝上了体育课，放学回到家的第一件事就不是吃东西而是睡觉，这一睡就会睡到晚饭时间——一次课就能疲惫到如此地步！我们也督促苏宝锻炼，甚至以身作则，跑步、打球都带上苏宝，可是，结果并没有明显好转。也许亚洲人和欧洲人在体质上是真的有区别吧。有时候我们自我安慰：只要苏宝身体健康就好了，一些体育运动项目的要求达不到就达不到吧。这也算是阿Q精神吧？

令我不安的性教育

每一次家长会后，我都会有一些教育心得，仿佛上学的不止是苏宝一个人，我也接受着再教育。有些已经无法在苏宝身上实践，我常常感到遗憾，觉得知道这些道理太晚了。

我逗苏宝："真希望咱们家再有一个小孩，我会好好教她，实践我的教育心得。"

"好啊，好啊！"苏宝高兴得手舞足蹈，"你再给我生个弟弟或妹妹。你知道吗？克里斯蒂老师经常表扬卡特琳娜，说卡特琳娜的妈妈身体不好，卡特琳娜放弃自己玩的时间照顾妹妹，是个勤快有爱心的人。还有夏洛特，她常说起和她妹妹一起玩的情形，她们都非常开心。我也想要这样。"

没想到我随便一说得到苏宝这么强烈的反应。可是……我心满意足地搂着她说："妈妈逗你的，我们只有你一个孩子就够了。"

"不要，你和爸爸再生一个小孩吧，我们班上的同学都有兄弟姐妹，只有我是一个人。"

"我们已经决定只要你一个孩子了，我们希望能把你照顾好就可以了。"

"可是我也能帮你的，我每天放学回来都可以帮你照看小孩。"

我很感动。

忽然想起一个问题，脱口问道："你知道小孩是怎么出生的吗？"

"我知道。这要男人和女人合作，精子、卵子才能有机会相遇，孕育一个小宝宝。"看了我一眼，她又继续说，"如果并不想要宝宝，就要采取必要的措施，使用避孕套或服用药物来避孕。"

我无心的一问，结果却大大出乎我的意料。"这些你是怎么知道的？"

"老师讲的啊。我们上过课的，看过精子和卵子相遇的动画片，还有讲怎么避孕。"

我一向也认为性教育十分必要，但是怎么也没有想到，这么早就进行性教育了。

不知怎么的，我心里隐隐地有些难过。我再次对苏宝说："我们不想再生小孩了，我们有你一个孩子就够了。"

苏宝若有所悟，"哦"了一声，到一旁玩去了。

既然都讲了生育和避孕，想必这一课性教育是很全面的了。苏仲宇调侃说这样我这个当妈的就省事了，我瞪了他一眼，心里总是觉得不安，我还是认为早了一点儿。

后来发现其他家长对此事并不在意，我再纠结倒显得少见多怪了。只是心里莫名其妙地多出了一份感伤，那是对苏宝长大的不舍。说也奇怪，从孩子一出生不是就盼着她长大吗？为什么又要对她的长大感到伤感呢？

我们这条街上住着一位老太太。

每天早上的这段时光，是这条街最热闹的时候。街上陆续走过上班的人、上学的孩子。和我们家隔街相望的那一家的老太太，满头银发，胖胖的身子，每天早上她都会拄着拐杖站在门口，向走过的孩子招招手，和熟识的人报告一下当天的天气情况。我曾和老太太聊过几次，老人告诉我明年她就要卖掉现在住的房子搬到老年人公寓了。

"你看到的，我老了，照顾自己有些吃力了，所以要住到老年人公寓。"她曾这样跟我说。

"你的孩子们呢？"

老太太满脸幸福的笑容："我有一个儿子，两个女儿。儿子在另一个城市，两个女儿都在我们这个城市。小女儿的家离我比较近，她通常都是周末来看我。我很为我的孩子们感到自豪，他们都有很好的工作，生活也很幸福。我的孙女也读大学了，她会六种语言，很了不起吧？是的，是的，她每年来看我三次。哦，她一来我就特别高兴，感觉自己都年轻了。"

每天上午，只要我有时间站在窗前，总会看到这位老太太。

她也感到孤独吧？孩子大了都离家了，从什么时候开始热热闹闹的家里开始变得冷清了呢？我暗自思忖。

她就是我今后生活的一个缩影吧？我的伤感终于找到了出处。

我又看了一眼窗外。此时的窗外又是各种花草与绿植的世界，偶尔有只流浪猫从灌木丛间蹿过。

第 5 章

朋友之间

精灵街的朋友们

　　童年离不开朋友。那些童年时和你相处时间或长或短、带给过你快乐和恼火、和你分享过秘密的朋友，相比成年后交往的人，他们会留在你一生的记忆中，而且时间越久，情谊越重。苏宝的朋友不止在学校里，我们这条街上也有十几个不同年龄的小孩子呢。

　　先说说我们这条街吧。我称之为"精灵街"，无疑这是音译的。很多华人把一些名称译成中文，说着一个大致的、有时候甚至是可笑的名字，虽不规范，但在我们华人间，可谓家喻户晓，心知肚明。

　　这条精灵街，住着三十户人家。我们刚来这个城市的时候找了一个临时的住处，两个月后离开临时住处才搬到这条街上来。刚搬来没有多久，有一天傍晚邻居来敲门，说是计划在下个月的某个周末举办整条街的活动，问我们是否同意，另外有什么建议。

我们一时搞不清状况，便请邻居坐下来细谈。这一谈，真让我们大开眼界，从来没有想过，邻里间还可以这样相处。在国内的家里，住了大半年后才知道对门那一家姓什么，这是最近距离的邻居了，至于楼上楼下的邻居，偶尔在电梯里遇到了打个招呼，也没什么往来。

我们现在住的这条街上的居民每年都要举办一次活动，当然不止这条街，这座城里稍大一些的街道大都有这样的活动。活动的内容以游乐、餐饮为主，主要的目的就是让住在一条街上的人们能够多些接触的时间，彼此熟悉，不要经年累月老死不相往来。活动的形式是这样的：选定一家（基本上是各家轮流）主办筹划，如果主办家自己能提供场地更好，不能提供要去别的地方另寻场地，一般为了活动方便都会将活动的场地选在本条街的附近，同时还要负责布置活动场地，包括准备桌椅、孩子们的游乐设施等。然后确定活动的主要内容，比如趣味体育比赛、竞猜抽奖、才艺表演等等；做出活动预算；给有时间帮忙的邻居分工；购买食物、酒水等；最后，除了筹办活动本身，还要负责与市政厅的联系。

怎么街道的活动还和市政厅有关系？

原来市政厅十分提倡这样的街道活动，并且会为其提供活动资金，市政厅认为这样有助于邻里之间和睦相处，增进了解，增进友情，创造更宽松美好的生活环境。所以，街道把活动时间和内容定下来后，可以到市政厅申请资金，如果资金还是不够，每家每户就再凑一点儿。这笔经费由主办的一家支配使用，但是费用使用情况要有详细记录，以便供邻居们随时检查监督。

我和苏仲宇还是第一次听说这样的事，当下彼此交换了一下目光，都点头同意。这是一项很好的活动，这样我们和邻居们就有机会认识、熟悉了，而苏宝也会有新的玩伴。

我们表示赞同，并询问怎么交钱。

这位邻居说现在只是策划阶段，至于要不要交费用、交多少费用，要等到市政厅的资助下来后才能决定。

一个月后，活动如期举办。

苏宝在这次活动中认识了四个年龄一般大的孩子，其中一个黑人小女孩叫艾登，也是刚搬到这条街上没多久的，这个不起眼的小女孩，后来和苏宝相处得并不愉快，她给苏宝出了一道思考题，我认为非常有意义，值得用十几年甚至几十年的时间去思考。

艾登个头不高，浑身上下结结实实，一头浓密的卷曲短发，大眼睛，眼神总是很坚定。自从那次活动两个人结识了之后，艾登常来找苏宝玩。每次来，她们都会出去玩，艾登和苏宝其他的朋友不太一样，她非常不喜欢在家里玩，更不喜欢看书。苏宝跟着她出去玩，每次回来都是一身汗，问她都做了些什么，果然都是跑、跳之类活动量较大的运动，她喊累，我倒觉得很好，跟着艾登多运动运动能增强体质。我也希望苏宝能经常走出家门，多多接触和亲近大自然。

没想到这么玩着玩着，苏宝和艾登之间的矛盾就出来了。

我和苏仲宇很少介入苏宝和她朋友间的"恩恩怨怨"，她和小伙伴们之间有什么问题，我们都鼓励她自己去处理。

这一次苏宝像往常一样被艾登叫出去玩，不过很快就回来了，来去不足二十分钟的样子，而且苏宝进家门的时候一反常态，显得很不开心。

"怎么这么快就回来了？不玩了？"

"她才不是要跟我玩呢，她是要骗我的钱！"苏宝很气愤。

"不要这么说。到底怎么回事？"骗钱这事就严重了，我希望苏宝不要乱讲。

苏宝讲了经过，我不得不佩服，艾登这孩子有点儿聪明劲，尽管经常一道数学题要苏宝讲上几遍她才能懂。

苏宝被叫出去后，看到街上还站着艾登的妹妹。

三个人凑到了一起，艾登从衣兜里掏出几个揉得小小的纸团，摊在手心里给苏宝看。

"你给我十欧元，可以有两次抽奖机会。每次抽出一个小纸团，里面或许写着有奖，或许写着没有。抽中有奖品的就给你，没有就不给。"艾登说。

"你的奖品都有什么？"

艾登的妹妹拿出一个小号信封，从里面抽出几张彩色便签纸。"奖品就是这些。"

苏宝一下就明白了她们的意图，说："我不玩这个。"

"那你玩什么？我们今天只打算玩这个。"

"你们自己玩吧，我不想玩。"

"你答应了一起玩的。"

苏宝一听生气了。"我就是不想玩这个，不可以吗？"

姐妹俩盯着苏宝看，看不出她有改主意的可能，也很不高兴。她们转身走开，并声称不再跟苏宝玩，去找别人了。

苏宝在我面前依旧忿忿不平："骗子！我花十欧元抽奖，奖品就那么几张破纸，而且还很有可能连几张破纸都抽不到。"

我发现苏宝抱怨的是奖品没有吸引力，就问道："如果奖品足够诱人，比如是你很想要的东西，你抽不抽呢？"

苏宝犹豫了，说："也许，我会试试吧。"

不知道别人遇到这个问题会怎么和孩子讲，但是我心里一向不愿接受抽奖这种方式，我认为这种方式助长了人们不劳而获的心理和贪婪的心性。

我对苏宝笑笑，说："如果是我，我就不会。我相信什么东西都要靠自己付出得来，我喜欢的、需要的东西我就花钱去买。抽奖这种东西，会助长人不劳而获、侥幸的心理，你看呢？"

苏宝觉得回答这个问题好难，我也觉得对一个孩子来说，这个问题很难回答，就说："不用急着寻找答案，你可以用几年甚至更多的时间思考这个问题。其实，你应该感谢艾登，她给你出了一个很好的课题。"

有句话说：功夫在诗外。对于学习来说，学在学之外。孩子们的老师不仅在学校里，不仅在家里，孩子们的玩伴也是彼此的老师。孩子们之间的友情、争吵等，都促进了他们的成长，让他们学会分析，学会思索，学会放开心胸，学会与人相处，学会爱……

在精灵街，苏宝的朋友不仅仅是同龄人，苏宝在这里还有一位忘年交，她让苏宝懂得珍惜友情。

穆勒奶奶的故事

穆勒奶奶跟我说，苏宝是一个好心的孩子。

苏宝有一天放学的时候，看到街头那家的奶奶正蹬在梯子上擦二楼的窗户玻璃。她看着觉得危险，心里虽然犹豫着，但还是问了句："奶奶，您需要帮助吗？"

穆勒奶奶笑容满面地从梯子上下来。"谢谢你，我一个人能做，我也经常这么做。我认识你，你就住在第六家，是不是？"

苏宝点点头。

"你每天上学、放学，我都能看到你。"

苏宝笑了。她也曾经跟我说过每次路过这一家的趣事。不论上学还是放学，每当从这位奶奶家门口走过，她家的门都是开着的。从街上一眼望进去，能看到她家的小院子。有时，房间里传出电视的声音，声音不高，爷爷坐在沙发上看电视；有时，里面传出来的是电视和鼾声混合的声音。

她们正在门口聊天，爷爷也出来了，"很高兴认识你。"他郑重地向苏宝伸出手来，苏宝已经不是初来乍到时的苏宝了，她大大方方地和爷爷握了手。

就这样，苏宝和这一家人结识了。

而对她们的亲密关系起到凝聚作用的是奶奶的相册，这几本相册几个星期后才出现在她们的交往中。

有一天下午，我在门口朝苏宝回来的方向张望了好几次。放学有一段时间了，还没见到苏宝的影子。我开始担心，看了看表，决定再等几分钟，如果苏宝还不回来就到学校去找找她，就在这时候，苏宝回来了。

"去哪儿了啊，小宝？妈妈都不放心了。"

苏宝把书包扔到沙发上。"穆勒奶奶家，就是这条街的第一家。"

"你——怎么去人家家里了？"

"门口碰到奶奶，她让我进去玩一会儿。"

苏宝说着看向餐桌。"妈，你做好饭没有？我饿了。"

"不饿不回家是不是？下次不许这样，你去哪里要提前跟我说一声。"

"好，知道了。其实我在穆勒奶奶家吃了一块小蛋糕，我没好意思多吃。"苏宝嘿嘿笑着，"妈，穆勒奶奶有很多本相册呢，她说要用照片记录历史，就是因为看照片，时间不知不觉就过去了。"

苏宝绘声绘色地给我讲起了穆勒奶奶的相册。

"我的人生都在这些照片中。"这是穆勒奶奶说的，当时苏宝心里好崇拜她啊。

"妈，你是没看到那些照片，好丰富多彩的人生啊！"苏宝热烈地说，看她那神情，恨不得那些照片里的主人公能换成她。

"妈，怎么才能让自己的人生丰富起来呢？"

"哎哟，这个问题啊，还真不能简单回答。你先让我把饭做好。"

"是不是要多经历些事情人生就会丰富起来了？"苏宝还在我身边，今晚的问题格外多。

"这当然是很重要的一方面。不过，有些事情要经历，有些事情能避免就避免，而有些事情是绝对不可以去尝试、去触碰的。所以说不能简单地回答嘛。"

"哦。"苏宝一副若有所思的神情，看来真的是用心在考虑这个问题，不过，这确实是一个严肃的问题，苏宝要去学习、观察和体会。

苏宝时不时去一趟穆勒奶奶家。每每回来后就要向我感慨：上了年纪的人有讲不完的故事啊！

一天下午，穆勒奶奶在苏宝放学之前就来到了我家，而且带了一个蛋糕过来。

穆勒奶奶站在门口向我解释：今天是她七十九岁生日，她的儿女们都回来了，一家人要出去庆祝。她恐怕等不到苏宝放学，这个蛋糕是送给苏宝的。

"我非常感谢苏宝带给我的快乐。她是个好女孩，我们现在是好朋友。"

晚上我问苏宝："你为什么喜欢和穆勒奶奶接触？你们只聊照片吗？"

"我不是说过了嘛，聊照片，聊花草，聊我们学校的事情啊，很多话题呢。"

这段友情真的让我感到有些稀奇。

可是苏宝并不觉得有什么稀奇，穆勒奶奶的故事很多，她就喜欢听故事。

那个"来不及道歉"的故事，给了苏宝很深的触动，故事的主人公，就在一张照片里。

照片里的六位姑娘，四五岁的样子，她们生活在一个村子里。后来她们长大了，就离开了村子，各自去了不同的城市，友谊也被延伸到不同的城市。

"我们每年都会有一张合影，记录我们的友谊，你看。"穆勒奶奶把一张张照片按年头排在桌子上，桌子竟然不够大。可是忽然苏宝发现，在第十五张照片后，后面的照片里就只有五个人了。"怎么少了一个人？你的那一位朋友呢？"

"唉！"穆勒奶奶重重地叹了一口气，"一场车祸，她永远离开了我们。"

"啊！"苏宝惊得微张着嘴，仿佛听到的是昨天的事情而不是几十年前的。

"她永远离开了我们，让我内疚了半生，我和她之间曾经有过一次争吵，事情的原因后来弄清楚是个误会，但是当时年轻，争强好胜，不想自己首先给对方道歉。虽然心里早已不再记挂那次争吵，可是没有想到我再也没有道歉的机会了。我想也许到了天堂，我才能有机会跟她解释清楚。"

苏宝不说话，静静地望着穆勒奶奶，等着她的下文。

可穆勒奶奶竟不再说话，苏宝看到了她因激动而微微翕动的嘴角，透过她的老花镜，也依稀看到她眼睛里的泪光。

"真是遗憾，孩子，人生没有遗憾是不现实的，可是能少一份遗憾还是应该少一份的。"良久，穆勒奶奶才说道，"我很后悔，当初我就应该先向她道歉的。我不该给你讲什么伤心的故事，你还小，但是如果你平时和朋友有什么误会的话，还是及早讲清楚比较好，不要给自己留遗憾。"

和穆勒奶奶交往之后，苏宝做了两件事：第一件事，苏宝要我买本相册送给她，她也要像穆勒奶奶那样，用照片记录自己的人生。我满足了她的愿望，几天后我送给她一本很厚的相册，相册的封面上有两朵蓝色的小花，这种花有着十分浪漫的名字——迷迭香，而迷迭香又有着十分浪漫的花语——留住回忆。就凭这，我对它一见钟情，送给苏宝再合适不过了。苏宝做的第二件事，就是接受丹妮的友好。

女孩丹妮

提到丹妮，说来话长。

我说过当初选择让苏宝就读圣彼得学校仅仅是因为这所学校离家很近，至于知道学校有专门为外国孩子补习语言的老师和丹妮的存在，是在见过校长之后。

校长跟我们提到了丹妮的名字，告诉我们她是一位中国女孩，所以他安排苏宝进这个班。这个消息是个意外惊喜，我们都非常高兴，这样苏宝就不会孤单了，而且校长也说了，会关照丹妮多帮助初来乍到的苏宝。寻求帮助，是人在身处困难境地时的第一反应。因为我们都明白，当时苏宝面临着怎样的困难，语言不通，仅这一条便足以让苏宝在学校里寸步难行。我们心里的天平开始向丹妮倾斜，不由自主地对她产生了依赖和好感。后来我们了解到，丹妮两三岁时便随父母来到了这里，算是这个小城里比较早的那批中国人。送苏宝上学的路上，我还在叮嘱苏宝，说着被我说了无数遍的那句话：有不明白的地方多向丹妮请教，要有礼貌。

只是我没想到，随后发生的一连串的事情，已经超出了孩子间相处的范围，这是我始料未及的。

学校热闹的时刻，就当属上学和放学了。圣彼得学校那扇深棕色的大门前是一条人行道，每天上学和放学的那段时间，人行道的两端各有一位拿着黄色旗子的交通管理员。每当人行道的两端聚集有四五名学生的时候，两位交通管理员会同时面对两侧行驶的车辆举起小旗子，这时候两侧的车辆就会停下来，等学生们过了马路再通行。送孩子上学的家长可以就此止步，也可以跟着孩子过马路，将孩子送到校园里面。

苏宝第一天上学，我肯定会送进校园，我还想见见老师，见见那位中国女孩丹妮。可那天我这两个愿望只实现了一个。一位自我介绍名叫克里斯蒂的女老师站在我面前，我想起了校长写在纸上的名字。克里斯蒂老师身材不高而且很胖，有着淡黄色卷曲的短发，看上去并不年轻，她就是苏宝即将去的这个班的班主任，教孩子们数学、荷兰语和手工。自我介绍之后她拉过苏宝的手，对我说："你不用担心，我会安排丹妮多帮助她的。"

通常老师并不到校园里来接学生，除非像今天这样有新生到来。

那个叫丹妮的女孩还没有来。

克里斯蒂老师让苏宝和我说再见，然后便领着苏宝去二楼的教室。苏宝跟着老师往教学楼走的时候，不时地回头看我。我也一步三回头，不忍离开，直到苏宝和老师的身影消失在教学楼里。

苏宝被克里斯蒂老师领走，我牵挂着她，十分不舍地离开了学校。在校门口听从交通管理员指挥过马路的时候，迎面走过来一位和苏宝年龄相仿的中国女孩，正和身边的金发小女孩有说有笑，我情不自禁地多看了她几眼，我想到了丹妮，如果这个女孩是丹妮多好啊，看上去活泼阳光，应该是个很好相处的孩子。

苏宝上学的这第一天里，我在家里坐立不安，担心她能否应对学校的各种情况，丹妮，这个只是听说过的女孩子时不时闯进我的脑海中，但愿她能够帮帮苏宝。

下午提前半个小时到学校去接苏宝。果然不出我所料，苏宝这一天在学校并不开心，一见到我她就哭了。我的心迅速紧成一团。我紧握着她的手领她回家，路上告诉她：没关系，这是最初的困难，很快会过去的。

我没问她在学校的具体情形，她现在的心情，肯定不愿意再回味不愉快的经历。吃着我为她准备好的零食，看她情绪好一点了，我问："你班上的中国女孩今天穿什么衣服？"

"牛仔裤和白色毛衣外套。"

我点了点头，我见到的那个和同伴有说有笑的女孩子，就是丹妮了。

我叮嘱苏宝多和丹妮接触，尽快熟悉学校，融入正常的学习生活。苏宝听后不吭声。

晚上我和苏仲宇又说到丹妮："我看这个女孩子应该挺好接触的。"

"凡事还是靠自己吧，不要过多指望别人。"

"就眼前的这点困难，请她多指点一下也没什么吧？"

我虽这样说，可苏仲宇的话还是让我心生犹豫，也许是不该对丹妮抱太大希望吧，可是随后几天苏宝反馈回来的情况也令我不解，不至于吧？

第二天我接苏宝的时候，她没有哭，但情绪依旧低落。我尽力装出一副兴高采烈的样子，希望能影响到她，让她也开心点。从学校出来我们没有直接回家，而是去超市买她爱吃的萨拉米。苏宝把这种不足手指长的小小萨拉米当零食吃。

她挑选食物的时候我故作不经意地问了一句："今天中午还是克里斯蒂老师带你去吃的午饭？"

她点点头。

"你可以和丹妮一起去啊，不懂的时候问她就可以了，不用麻烦老师了。"

苏宝没说话。

我有点感觉不对劲。

晚饭后，我问苏宝："课间的时候你都干什么啊？"

"不干什么，坐着。"

"在座位上坐着？你可以和丹妮玩啊。"

"她不跟我玩。"

嗯？我和苏仲宇互相看了一眼。

"苏宝，到底怎么回事？不是说丹妮可以帮你吗？校长是这样说的，你们老师没有说过？"

"老师和丹妮说了很多话，我不懂。但是我知道她们肯定在说跟我有关的事，因为丹妮总看我。老师还给丹妮调了座位，让她和我坐在一起。"

"然后呢？"

"没有然后。我找她玩，她说我不懂她们的游戏，不带我玩。"

"那么学习上呢？你有没有问过她什么？"

"问过。我看不懂课文，想让她给我讲讲，她把别人推到我面前就走了。"

我吃惊得说不出话来。沉默半晌，有些气愤，但是也不好在苏宝面前说什么。苏仲宇拍拍我的手，说："靠自己吧，当初我们也并不知道会有这个女孩的，所有的困难都在意料之中，我们自己能克服。"

我看着苏宝，她正在翻看一本从国内带来的漫画书。

我走过去拿过苏宝的书包，看了看，没见到课本。

原来课本又没带回来！

这一晚我的心情糟糕透了。

在苏宝上学的第四天，我再一次见到了丹妮。这次我很仔细地看了看她。她是个清秀的姑娘，有着一头过肩的柔顺长发，皮肤白皙，身材瘦高，不笑的时候，脸上是同龄人少有的严肃。这和我对她的第一印象大相径庭。那时候我以为她是个阳光活泼的女孩子，可事实并非如此——她非常不爱讲话，对苏宝尤其如此。苏宝放学后会和我讲些班上的情况，但极少提到丹妮。

几天以后，苏宝就跟着薇拉老师去学语言了，我们也稍稍感到放松。又过了一个多月，学校举办庆祝节日的活动，我们参加了活动，并且得到一个位置卖春卷。

那一天学校里格外热闹：有不同国家和民族的特色美食，空气中香飘四溢；薯条角、冷饮店前围着家长和孩子们；化妆角那里不时传来孩子们欢快的笑声，一张张不同肤色的小脸，被画上了色彩鲜艳的脸谱；咖啡角那边，坐着几位家长，悠闲地喝着咖啡，聊着天，看着眼前欢天喜地的孩子们。操场成了游乐场，不时传来孩子们的欢笑声、喊叫声，孩子们穿梭其中，通过做各种感兴趣的游戏来积攒印章，以便用来兑换奖品；而大人们则更多流连于各种美食摊位、咖啡角等地。当然为孩子们表演而搭建的舞台那里也聚集了很多观众。我正在自己的摊位前东张西望，忽然耳边传来中国话，一对中国夫妇进入了我的视野，立刻引起了我的注意。

女士个子不高，面容十分白净，但却没什么表情，长发直直地披在肩上；男士个子不矮，脸上挂着微笑。他们在我们的春卷摊位前经过，女士漠然地瞟了一眼，依旧面无表情；男士的脸转向我们这边，但目光却看向上方。他们朝着咖啡角走去。

在来来往往的一张张热情洋溢的笑脸中，这一对夫妇的表情，显得有些格格不入。

后来我发现，那位女士也是会笑的，而且笑起来挺好看的。

我们再次遇到他们的时候是在咖啡角。卖完了春卷，我和苏仲宇也去咖啡角坐了坐。碰巧他们也坐在那里，低声说笑着。

说实话，对于在这里还没认识几个人的我来说，是很想和这对中国夫妇搭句话的，可是他们从没有注意过我，我也犹豫着，如果这样过去打招呼自我介绍会不会显得太突兀了？

不过很快，机会来了。

一个五六岁的小男孩捂着鼻子飞奔过来。

"妈，我鼻子流血了！"

女士慌张起来，着急地对男士说："纸巾呢！快点！"

男士手忙脚乱地翻兜。

女士开始不满："跟你说我不带包了，你怎么就不知道带纸巾呢！"

我递上去一包纸巾。

"哦，谢谢啊。"夫妇俩齐声说。

男孩子的鼻血止住了，他跟着爸爸去了洗手间。女士对我矜持地一笑，说："这孩子时不时就流鼻血，也不知怎么回事。"

"去看看医生吧。"

"也没有那么严重，大概就是毛细血管脆弱吧。我小时候也这样，后来十几岁后就不再流鼻血了。"

"哦。"

"你们是新来的？"

"对，刚来一个多月。"

"哦，我说以前没见过呢。"

这时候男士带着小男孩回来了。女士起身对他们说："走，我们找上丹妮回家吧，让大卫回家休息休息。在这里疯玩，一会儿鼻子又要流血了。"

丹妮的父母？我心里一愣。

等到下个星期一去学校接苏宝回来的时候，她递给我一包纸巾。"丹妮给的，她说她家用了我们一包纸巾，还给我们一包。"

这包纸巾，让我很无语。

后来有几次在接苏宝的时候碰到过丹妮的妈妈，因为那包纸巾，我和她说话的欲望大减，她倒也不是一个多话的人，经常是我们互相打过招呼，然后就并排站在那里，目光盯着同一个方向——教学楼门口，就这样站上五分钟，十分钟，谁也不说一句话，然后接上自己的孩子，再说声再见。

圣诞节前，苏宝的语言已经有了长足的进步，我已经不怎么担心她在学校的情况了。有一天放学回家，她告诉我说："丹妮问我这个星期天可以去她家玩吗，她请了几个同学。"

"这个你决定吧，你想去我到时候就送你过去。"

"可是我不想去。"

"为什么呢？"

"平时她都不搭理我，这次请我去也不是把我当朋友的。我不去。"

"怎么这样说？你怎么知道她没把你当朋友？"

"她跟别的同学说话时我听见了，她说她妈妈觉得我们这一家人不讨厌，同意她请我去。"

"什么！"我一听心里就涌起一股火气，这一家人凭什么呀！真是搞笑！

星期天的时候，苏宝没有去丹妮家，当然不会去，苏宝不需要别人施舍的"友情"。这事多少让我觉得遗憾，苏宝和丹妮，按常理应该是很容易亲近起来的两个人，却成了最疏远的两个人。而这本来是单纯孩子们间的相处，最后却扯上了大人。

我一贯认为，应该给孩子自由，让他们自己处理与小伙伴的关系，不管出现什么矛盾，都应让他们自己处理，也许方法并非完美，也许会有遗憾，但都有助于他们成长。但处理和丹妮的关系，我还是忍不住说："不要理她！"

就在我这话说出去一个星期后，完全让我没想到，丹妮的妈妈来到了我家。

那个周二的早上，我目送苏宝进了学校后，正准备离开，忽然有人叫住了我，循声望去，是丹妮的妈妈。

"你现在就回家吗？"丹妮妈妈问我。

"是的。"

"平时你都做什么呀？"

"平时……也没什么，做饭，做做家务，再就接送孩子呗。"

"也是，我也差不多这样。你家是住在精灵街吧？"

"是。"

"那个，如果方便我下午去你家坐坐，然后我们一起来学校接孩子可以吗？"

她一定觉察出了我的犹豫，又说："如果不方便就改日吧。"

"哦，没事没事，我家住16号，欢迎你来。"

我的犹豫是因为我感到吃惊，我从来没想到会出现这种事。既然我说了欢迎，就在家里做起了待客的准备。边准备茶点边琢磨：她为什么来访？难道是因为我们这一家人不讨厌？我一下子又想到了这个，想到这个就又有些气愤。可是我这个人就是这样，心里不管怎么不愿意，拒绝的话也说不出口。算了，不想那么多了，来了就以礼相待。

丹妮的妈妈也很客气，下午带着一个餐盒来到了我家。那是她做的拿手菜——四季烤麸，她一面让我们尝尝她的手艺，一面客气地说："家庭主妇也没别的追求了，就喜欢研究些吃的，人生的价值就体现在厨房啦。"

她倒也是个风趣的人。

聊了起来，我不由得想起了这句话：没有无缘无故的爱，也没有无缘无故的恨。

在我们聊天的这五十分钟里，丹妮的妈妈俨然成了另一个人，一个热情、开朗、乐于助人的人，也许本来她就是这个样子，只不过因为她的热心曾险些让她吃官司，她才冷漠起来的。

丹妮的妈妈十分健谈。起初我还担心她来我家后我们会无话可说，在聊了几句孩子们之后，她的话题很自然就转到了她自己身上，说起了他们这些年在这个城市的生活经历。

他们来的时间比较早，那时候这个城市里还没有多少中国人。

"说我热心也好，说我寂寞无聊也好，那时候我不论在哪里碰到中国人都会搭话，交了不少朋友，那些留学生经常周末来我家吃饭，想吃什么中国饭了就让我做，我也没觉得麻烦。"

她甚至将自己的电话借给了一个即将回国的留学生用了半年。半年后，那个留学生回国了，电话还给了她。没几天，她就收到了账单和法院的信，那个留学生欠了上千元的电话费。

"从那以后我再也不愿意结交中国人，见中国人我就躲着走。"

听丹妮妈妈说，这只是其中的一件事，还有很多让人堵心的小事，总之，"你越是热心越受伤"。

"最近网上传得很火的一篇文章你看了吗？就是老移民给新移民的忠告：远离中国人。你说我们中国人怎么总这样啊，总是要占便宜，总是要小聪明，事做绝，路走绝。"

这让我怎么回答呢？我无奈地望着她。

她自己也叹息不止，说："唉，说来说去，我们自己也是中国人。算了，不想这些了。我觉得和你还是挺投缘的，你不像那些人，你话不多，也不四处打听事儿，而且，咱们两个孩子也同班，以后我们多联系。你们刚来没多久，你有什么不明白的可以问我，怎么说我对这里还是比你了解得多。"

我说谢谢，但是真没有想麻烦她的意思。

此后丹妮妈妈正如她所说的那样，常和我联系，我有时也去她家。有时候孩子送去了学校，我们一起逛逛步行街，互相参谋着为自己或孩子买买衣服。丹妮也和苏宝亲近起来，倒是苏宝，总是跟丹妮保持着距离，我说："苏宝，不要太小气，明年夏天也许我们两家会一起度假去呢。"

苏宝并不为我的话所动，对丹妮，仍旧不冷不热。

孟母三迁是讲邻居对孩子的成长有着不小的影响。苏宝在这里也正是听了穆勒奶奶的故事，被深深地打动，所以才主动邀请丹妮来家里玩的。

我感到高兴。

你的内心安宁了，这个世界便安宁了；你是宽容的，这个世界就值得原谅。精灵街上的朋友们，每天按照自己的节奏生活着、工作着。邻里之间，有一种张力，可近可远，可聚可散，这种张力，植根于彼此的尊重与包容，构筑了一种宽松和谐的氛围。我希望苏宝生活在这样一个安详、和谐的环境里。

对于这个大环境，的确有很多可以说的。我们刚来的时候，每次走在大街上，都无比欣喜。每一处都是风景，城市里有几个公园和体育馆。公园是免费的，市民们随时可以去；体育馆对大中小学生有很大优惠，对于成年市民，办一张年卡十分便宜。重要的是，城市人不多，走到哪里你都可以从容观赏。城市交通也十分便利，公交车运营时间准确到分钟。自行车更是便捷，有专门的自行车车道，十分安全；喜欢步行的人，如果你步行外出办事，也不会感到有多辛苦。倒是私家车，如果只是在城里办事的话，并不感到有多便利，因为市区内不仅有着非常严格的车速限制，而且市里单行道比较多，所以出行坐公交车、骑自行车，甚至步行，有着极大的优势。

城小，人少，节日却不少。除了比较大的节日，如复活节、圣诞节、新年等，其他地区性的、宗教性的小节日也比较多，放假的时间基本就是一天、两天，如果放假的时间刚好遇到周六或周日，那么个人可以过后找一天补休过来。

苏宝时不时就会放一天假。街上时不时就会有活动。

比如夏至节。夏至这天里，店家会将店里的商品搬到大街上，打折销售。这时候街上便热闹起来了。

比如狂欢节。这一天不仅给孩子们带来无尽的乐趣，大人们也像突然减掉了十几岁、几十岁的样子，装扮各异去参加狂欢节，路边更是挤满观赏的人。一辆辆漂亮的花车行进在游行的队伍中，参加游行的人们身着各种奇装异服，手舞足蹈，还不时向两侧围观的人们抛掷糖果、巧克力、小饰物等等。热热闹闹的游行结束后，便是孩子们清点"战利品"的时刻……

也有持续时间比较长的音乐节、啤酒节……那时城里的几条主街上，便充满了音乐、啤酒、各种美食和享受着这些快乐的人……

生活中总有各种各样的快乐和惊喜。

如此轻松的生活下，就不难理解走在大街上那一张张投给陌生人的笑脸。要知道，面对陌生人微笑不是轻而易举就做得出的，需要有发自内心的幸福感。

温迪和她的小弟弟

　　苏宝入学一年后，班上又来了一位叫温迪的中国女孩，很自然地，温迪初来乍到，对苏宝一见如故，两个人很快成了要好的朋友。我提醒苏宝，想想自己刚来时的困难，由己及人，温迪也会遇到同样的困难，平时要尽力多帮助温迪。

　　温迪的经历要比苏宝坎坷些。温迪从小就跟在爷爷奶奶身边生活，父母在国外读书、工作，不想温迪跟着他们辛苦，打算大人先稳定下来后再接温迪与他们团聚，可国外生活并不容易，这样一晃就几年过去了。现在夫妇俩终于安定了下来，才把温迪接来团聚。苏宝和温迪成了形影不离的好朋友，我们两家的大人也熟悉了起来，自然交往也就多了。

　　第一眼看到温迪，觉得这孩子长得柔柔弱弱，身材纤细，惹人怜爱。脸蛋白白净净，圆脸庞，眉眼也是细细的。温迪不怎么爱笑。苏宝有一次跟我说，温迪喜欢发脾气。我说可以理解，多年没在父母身边，如今父母对她肯定是宠爱有加。温迪的妈妈也说过，温迪的脾气不太好，他们也不忍心过分苛责孩子，虽然他们这些年在外面非常不容易，可是这都不算什么，唯一感到愧疚的，就是那几年没有陪在温迪身边，觉得很对不起她。

苏宝也曾经说过一句非常有意思的话，她说温迪是"生活在蜜罐子里的公主"。我听了大笑不已，问道："那你不是吗？"

"我当然不是！"

这么迅速肯定的答复吓了我一跳，我顿时心生不安，忙问她："怎么？你觉得你生活不好？我们对你不好吗？"

"哎呀，两回事啊，我没有说你们对我不好啊，可是你看看温迪她妈妈是怎么对她的，就明白我说的了。不过，我觉得我这样挺好，你们可以继续这样对我。"

苏宝这么说我就放心了。"好吧，快跟我说说，温迪她妈妈到底对她有多好？"

"这么跟你说吧，衣来伸手饭来张口，这句话你跟我说过吧？你说不要我过衣来伸手饭来张口的生活，可温迪过的就是这样的生活。温迪说她妈妈每天早上叫她起床，她还困，懒得动，她妈妈就拉她起来，起来后她就坐在床上伸开两条胳膊，她妈妈帮她穿衣服，穿好衣服，她再往床上一躺，伸出两只脚，她妈妈帮她穿袜子。你没有这样对我吧？我甚至都不需要你每天叫醒我。"

"你——"，我想说"你是好孩子"，又恐怕让苏宝误会温迪不是个好孩子，忙改说，"你这样做很对，长大了，自己的事情要自己做。"

苏宝还是经常和温迪玩，还有夏洛特，她们三个在一起的时间比较多。

有时候，也会有一些不快，但也无伤大雅，都是小孩子间的小心眼。可是自从温迪的妈妈再次怀孕之后，温迪就变了。

一天，温迪的妈妈带着五个多月的身孕，来到了我家。

温迪的妈妈说温迪近来很让他们夫妇俩头疼。怀孕之初，他们并没有将这件事告诉温迪，现在五个多月的身孕，衣衫已经遮掩不住身形，温迪才知道她将有个弟弟或妹妹了。

接下来就是一场大闹。温迪的妈妈说起来，忍不住落泪。

显然温迪是不欢迎这个未来的家庭新成员的。不管父母怎么哄、劝，她都不停地大哭，摔东西，夫妇俩一时手足无措，根本没有想到温迪会是这样的反应，一筹莫展。

我也很吃惊于温迪的这种情感反应，我记得苏宝曾经跟我说过，她希望有个弟弟或妹妹的——小孩的心思也猜不透。

我想温迪是担心自己不再被宠爱吧。温迪的妈妈也说，想到这些年对温迪的亏欠，现在也对她严厉不起来。

我劝她别太担心，过一段时间温迪也许就接受认可这个事实了。

一天天的日子，过得平顺如锦缎，没留下什么痕迹。转眼间温迪妈妈的预产期到了，大家谈论着这位高龄产妇，都为她捏把汗，也为她祝福着。我忽然想起一个问题："苏宝，温迪好久没来我们家玩了，怎么回事？"

苏宝不言语，每次问她什么事情她不回答的时候，肯定就是有问题了。不说话不行，我想知道到底发生了什么事。苏宝在我要求下才说温迪不理她了。

为什么？！

苏宝讲了原因，倒也并不复杂。温迪和夏洛特吵架了，我一细问，她们吵架的时间和地点令我大吃一惊：竟然是在我家，而我全然不知。

前段时间苏宝有一个短假期，一天下午她在家里无聊，在厨房里翻看一本食谱，忽然对我说想找几个同学来办个Pancake party。

"Pancake party？你们打算怎么搞？"

苏宝大概一时也没有具体想法，没回答我的问话，又翻起了食谱。

"呵呵，你把厨房贡献出来就行了，其他你不用管。哦，对了，你也不能什么都不管，你还得负责打扫战场，做好善后工作。"苏仲宇调侃地说。

苏宝不服气："我们会自己收拾的，不要以为我们这是瞎折腾。"

"好，你想做就做吧。"我答应了苏宝。

就这样苏宝叫上了温迪、夏洛特和另一个女孩，那天我为她们备好了食材后，就被苏宝要求回避——一切让她们自己来，我不能插手。

所以后面发生的事情我并不知道，party结束，几个女孩回家的时候，我见到的是一个整洁的厨房和高兴着离开的孩子们。

我也很开心，我原本是预备面对翻天覆地的厨房的。苏宝让我尝了她们的薄饼，还特别为我放了香蕉和糖浆。香蕉一分为二放在薄饼上，并淋上糖浆。这是我第一次尝试这种吃法，确实味道很好。到了晚上，更有住在街对面的奶奶专门来我家道谢，也有两家打电话过来道谢的，谢谢苏宝她们的薄饼。我这才知道，苏宝她们薄饼做多了，就送给了几家邻居。

看上去这是个成功的party，每个人都皆大欢喜。

但是苏宝说最初不是这样的。开始她们做的几个薄饼都不成功，温迪很生气，怪夏洛特把面浆调得太稀了。夏洛特跟温迪道歉，苏宝也在一旁说：

"我们都是第一次做，谁都没有经验，不成功也没什么。"

温迪瞪着夏洛特说："她不是第一次做，她在家里做过的。做过了还是做不好，就是笨！"

夏洛特也不示弱，两个人争吵了起来，但声音都不高。苏宝不停地劝，夏洛特住了嘴，可温迪不依不饶，继续数落着夏洛特很笨，让已经停下来的夏洛特又开始反击。苏宝真有些不知所措，倒是另一个同学站在她们俩面前严肃地说："你们在苏宝家里吵架很没礼貌，再吵我就回家了！"

争吵这才平息下来，并有了后面的完美成果。

谁也没有在意的小争吵，却让温迪不能释怀，她和夏洛特间有了隔阂。而苏宝依旧和夏洛特关系好，温迪问苏宝："你还是不是我的朋友？"

苏宝毫不犹豫，说："是！"

"那你为什么还和夏洛特一起玩？"

"夏洛特也是我的朋友。"

温迪闻言转身就走了，此后，温迪也不和苏宝讲话了。

我问苏宝："温迪真的就不和你们俩玩，去和别的同学玩了？"

"不，她也不和别的同学玩。她自己在座位上坐着，看书。"

"看什么书？"

"《哈利·波特》。"

温迪这一点爱好我是了解的。温迪喜欢看《哈利·波特》，能把一本书看上好几遍。夏洛特也喜欢看《哈利·波特》，唯独苏宝不看。我曾经感到奇怪，苏宝那么爱看书，可为什么就是不看《哈利·波特》呢？这本书在孩子们间是那么流行。

"不喜欢就是不喜欢，没有原因。"苏宝不愿意我问这个问题。她当然说不出原因，她根本看都不看，无法评价嘛。

我告诉苏宝："你主动跟温迪讲话，你们玩的时候叫上她。"

"没用，我叫过她好几次了，她都是不理我们。"

这孩子还真是有性格！温迪的妈妈也给我打过两次电话，温迪现在仍是脾气古怪，甚至克里斯蒂老师都打电话到温迪家里，向温迪的妈妈询问温迪最近是不是遇到了什么事情，她在学校里常和同学争吵，以前不是这个样子的。温迪的妈妈没有告诉克里斯蒂老师实情，只说没发生什么事情，但是他们也会跟温迪好好谈谈。这个电话更是让夫妇俩无比烦恼，他们担心女儿的心理出现了问题，但又不敢贸然带着温迪去看心理医生，一时间无计可施。

我建议他们和克里斯蒂老师实话实说，听听老师从专业的角度给出的建议。可是温迪的妈妈很犹豫，还是觉得再观察温迪一段时间再说。

看到温迪在家里、在学校这样的表现，我琢磨着我应该做点什么。

温迪的小弟弟出生了，家里自是多出了很多喜悦和纷乱。我带着苏宝去探望温迪的妈妈，我想让苏宝跟温迪玩，恢复友谊。虽然之前苏宝说这段时间她试图跟温迪说话，温迪都不理睬她，可现在不一样了，现在毕竟是在温迪自己的家里啊。

没想到到了温迪家，温迪待在自己的房间里根本不出来。

温迪的妈妈很恼火，也很无奈，含着泪跟我说："温迪根本看都不看这个小宝宝一眼。"

我安慰她慢慢来，一起来想办法。我觉得她的同学们都有兄弟姐妹，还是孩子间互相影响比较好，胜过大人的枯燥说教。

潜意识里，我觉得自己的方法是对了，只是没想到后来的事实证明会有那么好的效果。

在我的授意下，苏宝组织了一次野餐会。

六月初夏的时光里，天地间的色彩鲜艳而单纯，太阳每天都喜笑颜开的，正如人们的心情。这个时候人们谈论的话题，除了度假还是度假。苏宝将假期里的活动提前了，约请夏洛特和温迪参加。温迪不参加，我和她妈妈竭力劝说，最后还是靠着一本《哈利·波特》说服了她。

夏洛特买了最新出版的《哈利·波特与凤凰社》，苏宝告诉温迪，如果她来参加野餐会，夏洛特会把书借给她看。

随后，奇迹便发生了。

一本书，让两个小姑娘和好了。

一次野餐会，给温迪的妈妈带来了巨大的喜悦。

当天，苏仲宇开车载着三个小姑娘来到城市东侧的大城堡，城堡的后面是一片宽阔的草坪。这个时节，城堡的四周十分漂亮。绿茵茵的草坪上，点缀着五颜六色的小花。苏宝她们下车后不约而同地跑向了不远处的一棵大树。苏仲宇将车载冰箱和水果篮提到那棵树下，又跟她们约好去接她们的时间后，便回家来了。

野餐会结束后，苏仲宇分别把夏洛特和温迪送回了家，带着苏宝回到家不久，温迪妈妈的电话就打了过来。电话里她一连说了几个"谢谢"，语气激动，略带哽咽，我可以想象出她又是满含热泪。这个女人自从怀孕后，我见过她几次落泪，都是为了温迪。这一次连声说着感谢让我摸不着头脑，忙问原因，原来这一次落泪还是因为温迪。

她说温迪回家后，一反常态，竟然在宝宝的小床边站住了，看着宝宝好一会儿，然后问妈妈："我能抱一下他吗？"

温迪妈妈激动得不得了，尽管宝宝在睡觉，她还是轻轻托起宝宝，放在了温迪的臂弯里。

宝宝还是被惊醒了，在姐姐的臂弯里竟然没有哭，他看着姐姐，忽然扬起小手在空中抓着，抓住了姐姐的一根手指。

"妈妈，他劲真大！"温迪高兴得叫了起来。

我也觉得很感动。野餐的时候发生了什么，我和温迪的妈妈都很好奇。

放下电话我催促着苏宝，让她将白天她们三个在一起时的情形赶快给我原原本本地复述一遍，苏宝不慌不忙，反过来问我："怎么了？是不是温迪跟她小弟弟玩了？嗯，这都是夏洛特的功劳。"

"快说说，夏洛特怎么有这么大的威力？"

"故事要讲得精彩，就得懂得适当吊人胃口，这是我们班的作家米拉的成功经验。"

"快说！"

我佯装生气一板脸，苏宝哈哈大笑。

这孩子！

关于"吊人胃口的精彩故事"，也是有典故的，后面再给大家介绍。关于这次野餐，苏宝讲道：

她们来到了那棵枝叶繁茂的大树下，展开了一块宽大的黄白格子的亚麻桌布，苏宝和温迪一起把食物箱放到上面去，夏洛特跑到了不远处的河边，没一会儿就在那里喊她们俩。

"你们来看看，这是小鸭子一家！"

待苏宝和温迪跑了过去，夏洛特就兴奋地给两个小伙伴介绍了起来：这是鸭妈妈，那是鸭爸爸，脖子处有黑色毛的是鸭哥哥，另一只弱小的是鸭妹妹。"你们看鸭哥哥多照顾妹妹呀！"

夏洛特说得起劲，苏宝看得也很有意思，只是温迪，脸上没什么表情。

"走吧，我们过那边去。"温迪指了指树下，"夏洛特，书带来了没有？"

《哈利·波特与凤凰社》。

夏洛特拿书在手，心思还在那几只鸭子身上，继续说："那几只小鸭子好可爱啊！"

温迪从夏洛特手里接过书，迫不及待地翻开看，可是夏洛特凑在她身旁却说起了另一件事。

"喂，温迪，你弟弟有多大了？"夏洛特问。

"两个多月了。"

"我可以去你家看看他吗？"

"为什么？"

"我喜欢小孩子啊。"夏洛特说着，十分有兴趣地凑近温迪，"你不觉得小baby小小的，很可爱吗？可惜我都不记得我妹妹那么小时的样子了，只能看照片，很遗憾。"

温迪耸耸肩，一副无所谓的样子。

夏洛特依旧兴趣不减。"你有没有摸过他的小手？是不是很好玩？"

温迪摇摇头。

夏洛特非常吃惊。"什么？你都没摸过？"

"我看都不愿意看到他。"

夏洛特瞪大了眼睛盯着温迪，不知该说什么。

"你干吗这样看着我？"

"温迪，你不爱你弟弟？"

温迪不语。

"温迪，你知道吗？我很羡慕你，我一直很想有个弟弟或妹妹，可是我都没有。"苏宝在一旁说。

"没有才好，为什么要有弟弟或妹妹呢？我才不喜欢。"

"我喜欢。"

"我也喜欢。"

"你们很奇怪！"

"你才奇怪！"

温迪"哼"了一声，不再理她们两个，低头看书。

后来，夏洛特在草坪上躺了下来。

苏宝也躺了下来。

苏宝讲到这儿话题一转，问我："妈妈，你有没有躺在草地上看过天空？那种感觉真好，真美妙，那是什么语言都描绘不出来的，嗯，至少是不能全面准确地描绘出来。"

苏宝说:"天空好远好高,一下子感觉自己变成了天地间十分微小的生物,不着边际地飘荡着,连身边的夏洛特和温迪似乎也离我很远了。云彩慢悠悠地在天空中游走,不时变换着各种形状,像马,像羊,像薄纱,对了,其中有一块云彩就像一个火炬冰淇淋啊。妈妈。"

我急着想知道后面的事情,打断了苏宝。"很好,苏宝,你的故事中穿插的这段描述非常好,可是后面发生什么了呢?温迪让不让夏洛特去她家看弟弟?"

"开始是不答应啊,可是夏洛特很会磨人,她就缠着温迪不停地请求,不过,她是真的喜欢小孩,平时她对她妹妹可好了。她这一次啊,是不达目的不罢休。温迪最后也勉强答应了。于是,夏洛特趁热打铁,把时间定在了明天。"

我忍不住轻声笑了,这个夏洛特,真会乘胜追击。

可是我还有点儿不大明白,怎么温迪就对她的小弟弟有了兴趣呢?后面才知道,原来夏洛特定下时间后并没有结束话题,三个人就如何对待自己的弟弟妹妹,进行了好一番探讨呢。

温迪不明白夏洛特为什么那么喜欢她的妹妹。"你不觉得本来属于你一个人的东西都被她抢走了吗?"

"那不是抢,那是分享。"

温迪不服气,她举了一个例子:比如有一袋薯片,自己可以吃个痛快,可是多了一个人后,你要分给他一半,有什么好呢?她说她羡慕苏宝,苏宝家里就她这么一个孩子。

夏洛特讲了很多她和妹妹在一起的快乐时光，一起游戏，一起做家务，一起读书，当然也少不了争吵，可是她讲起来是那么幸福快乐，即使争吵，后来回忆起来也觉得很有意思，很可笑，也想不起来当时为什么要吵。

　　这些温迪从没有经历过，更没有想过。

　　"真有那么好？"她还是很疑惑，也不理解苏宝的满眼羡慕。

　　"还有最最重要的一条，妹妹是这个世界上除了父母唯一和我有血缘关系的人，如果父母不在了，我也不会孤独。"

　　说实话，这一句话差点让我感动得落泪。我们该爱我们的兄弟姐妹。

　　就这样在朋友的影响下，温迪对自己的小弟弟感了兴趣，她暗自揣测自己的弟弟每天是不是也和自己一样，有着这样那样的想法？夏洛特说过，有时候她妹妹的念头十分有趣。

　　一通闲聊，每个人都说了自己的想法，每个人都很高兴，这也算一种成长，一种学习，这样的教育胜过老师、家长们的说教。

　　温迪的问题解决得十分圆满，温迪的父母更是开心。温迪的妈妈经常发小宝宝的照片给我看，大部分照片都是温迪和弟弟在一起。温迪又常来我家了。

　　在孩子们成长的过程中，让他们彼此影响教育，要比每天放学后就奔向各种辅导班有意义得多。

嫉妒的苏宝

在孩子的成长教育过程中，文化知识的教育仅仅是其中一个方面，品德、教养的培养也至关重要，这其中就存在着如何看待别人，如何与别人相处的问题。

每个人都可以成为别人的榜样。教育的职责在于引导孩子们认识到彼此欣赏重于互相竞争。世界上总会有人比你优秀，也总会有人不如你，要发自内心地欣赏比你优秀的人，而不是嫉妒；要懂得尊重不如你的人，不看低任何一个人。

"欣赏别人是一种能力。"

我常常从老师那里听到这个说法，学会欣赏别人很重要，是人的一种能力，也是一个人的教养。我们古时候也有类似的说法，比如"三人行，必有我师焉"。

然而，小孩子都有些争强好胜。要求自己做到更好，甚至最好并没有错，但是在这期间你怎么看待、对待别人的成绩就很重要了。在这方面苏宝曾有过让我们头疼的表现，那时候我发火，我严厉地批评了苏宝，因为我不想她成为一个嫉贤妒能的人，这样的人，一生都不会快乐的。

此事要从头说起。

苏宝曾提到过他们班的作家米拉，这事就和米拉有关。

苏宝上了四年级后，我就不再接送她了。只是早上站在家门口，看着她过了这条街。从家到学校，不足十分钟的路程，苏宝基本都是按时回家，学校也极少因为有临时的活动拖延放学的时间。所以一直以来不管是孩子还是学校，时间都遵守得很好。

这件事发生在苏宝刚刚升入六年级时。有一天苏宝回家晚了，我在窗前看到他们学校另外两个住在这条街上的小孩走过，还是没见到苏宝回来。我到门口又看了两次，苏宝回来的方向依然空空荡荡，我不放心了，这已经比平时晚15分钟了。我不准备再等，决定去学校看看。

就在我锁门的时候，苏宝的身影出现在街口。

我就一直站在门口看着她走近，走到我的眼前，她却看也不看我，也不说话，径直走进屋里。我觉得十分奇怪，平时她回家可不是这个样子。

平时冲进家门，甩掉书包就直奔冰箱，不顾我怎么提醒、制止，她一定要在晚饭前吃一些零食。

但是这一天，她安静得不同寻常。

"苏宝，怎么回来晚了？"

她坐在沙发上没有回答，我还没见过她这么反常的时候，很担心地看着她。

她呆坐了片刻，还是起身走到了冰箱前，拿出了一小盒萨拉米。

我轻轻摇头，坐下来和往常一样打开了她的书包。

一本淡绿色封面的书映入眼帘，封面设计得颇有迪克·布鲁纳的风格，简单而热烈。

"小宝，这本书是借来的还是新买的啊？"

苏宝头也不回地上了楼。

我随意翻了翻，作者简介里的一些信息吸引了我的目光：12岁，圣彼得学校……

"小宝，这是你们同学写的书？！"我拿着书，兴奋地跑上楼。

"这书的作者是你同学呀，这么厉害！"

"那又不是我，你干吗那么高兴？"苏宝很生气地说。

"哎哟，怎么啦？你不高兴啊？对了，你和夏洛特共同写的书呢？怎么没下文了？"

后来我意识到，我光顾着新奇兴奋了，没有考虑到苏宝的感受。而且，还很不合时宜地提起了她和夏洛特写书的话题。

"那是很久以前的事了，你今天才想到关心？"

我一时不知该说什么，是啊，过去的日子里，我怎么就把这件事忘了呢？见苏宝生气了，我忙说："没关系，没关系，书没写成也没关系，你的语言能力得到锻炼就好了。"

"你是不是觉得我不如米拉了？"苏宝说罢大哭起来。

"哦，没有没有，你怎么这么想呢？"

好不容易安抚苏宝平静了下来，听她讲今天的事情。

早上，米拉带进教室的，除了书包，还有一个大的礼品袋。同学们好奇，都关注起米拉的礼品袋。

"是书。"有同学朝礼品袋里看了一眼后叫道。

"带这么多书呀。"

关于米拉为什么带了几十本书来上课的问题，等克里斯蒂老师进教室后才有了答案。

克里斯蒂老师手里也拿着一本和米拉袋子里装的一样的书。她举起书，说："今天我要给你们介绍一本看上去十分漂亮、内容也非常精彩的书——《尼娜·斯丁伯格》，尼娜是和你们一样大的女孩子，她有着非常精彩的故事，而为我们奉献这个故事的，就是米拉！"

教室里一下子沸腾了，谁也没有想到，书的作者是米拉，米拉竟然写了一本书？！苏宝更是大吃一惊，随之她的心就被排山倒海的难过淹没了。她想起了当初和夏洛特的雄心勃勃，可是后来……是谁首先放弃的呢？大概两个人都没了兴趣，总之，最终不了了之，两个人谁也没有再争取、再努力一下。

同学们的欢呼，刺激得苏宝简直要受不了了。米拉的神气她也不愿多看一眼。

"米拉愿意把书送给每一位同学，谢谢米拉。"

米拉在同学们的掌声中拿出书来，送到每一位同学手上。苏宝接过书，说着谢谢，却怎么也无法将一个笑容安装到脸上。

"我才不稀罕她的书！"苏宝讲完事情的大体经过后说道。

"你这样的表现很不好！"

被我这样一说，苏宝瞬间又哭闹起来。

"米拉有什么好？老师还说她写的故事精彩，她写得有什么好？"

我怎么也没料到苏宝会这样，这样的苏宝简直不是我熟悉的女儿了！我忽然间也来了气。

苏宝还在嚷嚷："凭什么都觉得米拉好？她学习也不怎么样，她写的游记也不吸引人，凭什么你们都觉得她好？"

"凭什么？这个问题你自己想！想不明白不要下楼！"

我离开了房间，留下苏宝一个人反省。她继续哭，渐渐地，哭声变得遥远、空洞、不真实……又过了一段时间，哭声停止了，只偶尔有抽泣声。

这对苏宝来说，是一个挫折吧。一直以来，我们都在夸奖她，现在我忽然觉得，一味地夸奖是不是有必要？是不是会有副作用？时不时有点挫折感是不是很有必要？我脑子有点乱，我没有想到她会有这样的表现，也许是我最初的态度刺激了她？但不管怎样，她这样的表现就是不对，一定要从这件事上给她一个教训。

苏仲宇一回来就感受到家里气氛不对。

"怎么回事？小宝呢？"

"还提你那女儿！这孩子简直没法要了！"

"哟，这么严重啊！她干什么惹你生这么大气？"

"回到家就大哭大闹，发疯了一样，就是见不得别人的好，这怎么行！"

我把事情经过大概说了一番，苏仲宇闻罢不觉皱紧了眉头，一声不吭地上了楼。

过了好一会儿，苏宝跟在爸爸身后，父女俩一起下楼了。

"妈妈做好饭了，快，苏宝，收拾餐桌，准备吃饭喽。"苏仲宇轻松的态度令我十分不解——怎么着？当什么都没发生过？

再看苏宝，乖乖地听从爸爸的吩咐，布置餐桌。

嘿，这两人是怎么了？我觉得我有话要说，看苏仲宇，他朝我做了一个稍安勿躁的手势，哈，我心领神会，没再作声。

吃饭的时候，苏仲宇对我说："明天晚上我加班，你们先吃饭，不要等我。给我留点吃的就行。"

"为什么加班？"

"帮维克多计算几组数据。他前不久刚有一篇文章被《科学》接收，心里高兴干劲足啊。"

"啊！《科学》啊！"我心里一惊，好厉害啊！

做学术的人都知道《科学》的分量，就连苏宝，平日里耳濡目染，也知道《科学》是顶级刊物，她忽然眼睛一亮，饶有兴趣地听着爸爸讲。

"他的文章发了《科学》，名声、荣誉都是他的，凭什么你给他干活？"我带着强烈的不满说。

"哎，话不能这么说，大家都是同事，互相帮助是应该的。再说，他的确做得不错，人又聪明又年轻，我有什么不服的呢？"

"你也不比他差啊，也就是他运气好，水平能高到哪儿去？"

苏仲宇笑了。"照你这么说,我该怎么做?我也想发《科学》,没成功,而他成功了,我就该生气、嫉妒、忌恨、和他对立?哪能这样啊!不管在哪里,也不管在人生的哪个阶段,我们身边都会不乏比我们自己优秀的人,我们应该很高兴见到有这些人在自己的身边,要从心底里欣赏对方、赞美对方,而我们自己,只要在自己的位子上努力过了,也不应有什么遗憾,你说对吧,苏宝?"

苏宝使劲点点头。

"那你说我该不该帮维克多工作呢?"

"应该的。"

我十分不屑地一撇嘴。"小宝,别听你爸的,就不该管。维克多不是厉害嘛,厉害就自己做呗。"

"不能那样,你和厉害的人在一起工作也能学到知识呀。"苏宝急急地反驳我。

苏仲宇挑起大拇指,赞道:"你看我们苏宝,比妈妈境界高多了。"

我还是很不以为然地说:"维克多平时也就那样吧,没看出比谁有什么出色的地方,凭什么他发《科学》啊?"

"凭什么呢?问得好!看平时,维克多和我们一样上班、下班,甚至一些想法还常常被老板否定。可是他付出过怎样的努力,不可能全部被别人看见,成绩不是从天而降的,都是努力换来的。还是那句话,对于比我们出色的人,要欣赏,要学习,找出我们和人家的距离,这样才会进步。一个嫉贤妒能的人,永远不会有成就。见贤思齐,苏宝知道这个成语的意思吧?"

"嗯,不是太清楚,好像也知道点儿。"

"没关系，等吃完饭去查查词典。"

"我现在就去查。"苏宝说着向楼上跑。

苏宝不在眼前，苏仲宇朝我一挑大拇指。"你厉害！配合得真好！啥叫默契，这才叫默契，都不用彩排的。"

"哼！算了吧，活该我就遭你们贬低。"

"为女儿嘛，就受点委屈吧。唉，希望这丫头别辜负了父母的苦心，多懂得一些做人的道理。"

苏宝欢快地跑下楼。

"见贤思齐就是见到德才兼备的人就想赶上他。"

"嗯，看到有才能的人我们要向他们学习，而不是生气、妒忌。那么，对待米拉出书的事情，我们该怎么看呢？"

苏宝不安地垂下了眼睛。

"小宝啊，"我一把搂过苏宝，"你和夏洛特也曾经写过故事，也想出版，但是你们没有成功，你应该知道做成这件事是不容易的，所以米拉成功了你该为她高兴。她的书你好好看看，看到底好在哪里，这是学习，知道吗？这样你才有机会进步。"

"对不起妈妈，我错了。"

"你当然是错了。虽然你现在意识到了错误，但是也得受惩罚。让妈妈说给你什么惩罚吧。"

"吃饱了吗？吃饱了？去，洗碗去！"我说着轻轻拍了苏宝一巴掌。

"好！"苏宝答应得心甘情愿。

苏宝可以心平气和地读米拉的书了。她告诉我，夏洛特看了有一半多了，而且夏洛特的爸爸也看了，夏洛特的爸爸说米拉是个讲故事的好手。

苏宝说着，神情黯然。

"你自己认为她写的故事怎么样呢？"我问她。

"我也觉得她写得很精彩，她的故事，总有出其不意的发展，不像我们写的那个，太平淡，所以我们自己写着都觉得没意思。怎么才能够把故事写得精彩呢？"

"这个问题，我建议你问问米拉。"

"好！"苏宝兴奋起来。

米拉的书

下午放学，苏宝就迫不及待地跟我说："妈妈，米拉这本书写得也不容易呢！"

米拉的书写了两年多。主人公尼娜·斯丁伯格是位女英雄。可是在故事之初，她就是个普普通通的八岁小女孩，父亲是位化学家，妈妈是位家庭主妇。尼娜的玩伴是她的表哥。一天，她和表哥不顾父亲的告诫，偷偷溜进了父亲的实验室。两个人对实验室里的瓶瓶罐罐发生了兴趣，先是看着，后来终于忍不住动手摸了起来，结果不小心打碎了一支试管，试管破碎后，里面的液体散发出一股好闻的气味。表哥知道闯了祸，拉起尼娜打算逃离现场。尼娜被拖走时，还不忘再闻闻好闻的气味。到了晚上，尼娜就昏迷了，表哥吓坏了，向尼娜的父母坦白了下午发生的事情。尼娜被抢救过来，却得到了一种特异功能：她能感觉到小动物遇到危险，并听得懂它们的语言。尼娜开始救助这些遇到危险的小动物：小鸭子、老鼠、各种昆虫……有一天，尼娜救了一个森林中迷路的小男孩，她成了真正的英雄。

米拉起初写的故事并不吸引人，她的弟弟妹妹都不爱听，然后她就一遍又一遍地改，精心构思故事情节，直到后来弟弟妹妹都喜欢听她的故事，迫不及待地不断向米拉追问："后来呢？后来怎么样了？""然后呢？"……

弟弟妹妹的反应更激发了米拉，她愈加精心地编起故事来。

"我和米拉的差距，不光是故事讲得没有她讲得精彩，最重要的是我没有像她那样坚持。我早早地放弃了，所以我失败了；而她一直在坚持，所以她成功了。"

"小宝，妈妈太高兴你能有这一番认识了。不过，你不能说自己是失败的，这件事你没有做成功，但是你还有很多机会，现在你已经意识到坚持的重要性了，以后你一定会成功的。"

第二天，苏宝提前五分钟去了学校，她说要去和夏洛特谈谈。

苏宝告诉夏洛特她很想念那个杏色的笔记本，也很努力地回想她们的故事写到了哪里。

夏洛特显得有些犹豫。"我们很快要上中学了，爸爸说上中学后课程会越来越多，学习任务会越来越重，我是打算读大学的，这一点我父母和我的意见一致，所以，我恐怕没有太多的时间用来写故事，苏宝，对不起，你知道我没有你学得好……"

苏宝并不介意，她能理解夏洛特，但是她自己的心意已决。

苏宝决定继续写小说，我表示支持。她的情绪好了，又回到原先生活学习的轨道上了。但是我们还会就这件事谈心，我们谈到欣赏与竞争。

欣赏和竞争并不矛盾。我鼓励苏宝向米拉学习，找出自己和米拉的差距，但在事情的整个过程中，我从没有说过类似"好好努力，你一定比她强"的话。在这样的一个环境生活久了，越来越能体会到人生到底是怎么一回事，什么才是我们真正需要的和必须追求的。我不想给她幼小的心灵过分灌输"争"这种观念，我们不需要比别人强，我们只要尽自己的努力做事，让自己的才华发挥出来就够了。而那种"我一定要比你强""我一定要把你踩在脚下"的想法和做法，是人生不快乐的根源。努力做最好的自己，欣赏别人也欣赏自己，这才是快乐幸福的人生，我希望苏宝拥有这样的人生。

那么，基于这个基础而产生的竞争也是一种良性的竞争。

苏宝的新笔记本

苏宝需要一个新的笔记本。

第二天放学，我便带着她去文具店买了一个比之前那本杏色的笔记本更加漂亮的皮面笔记本，我特意让店员将这个笔记本包装起来送给苏宝。苏宝一路上把笔记本抱在胸前，脸上带着心满意足的喜悦和对自己即将要做的事情的坚定信心。我也很高兴。

"你都没有问我买这个笔记本打算做什么。"苏宝抬头说。

我拉过她的手，说："我相信我的女儿。无论你用这个笔记本做什么，画画，或者记录花草，记人，记事，都是在记录你的成长。"

"妈妈，你也长大了！"苏宝嘻嘻笑着说。

我没有跟着她说笑，心底里无限感慨。苏宝很聪明，她看懂了我。是的，苏宝上学这两年多来，我确实也在成长。我朋友一样地握了握苏宝的手。

"我相信这个笔记本会给你留下珍贵的记忆。生活里值得记下的东西很多，比如我们家门前的这条小街，一年四季的变化，以及我们每一个人，我们的心境、感悟，我相信你！"

我相信苏宝，这一点我丝毫不怀疑。而我也"长大了"，我不会再指导或规定她记什么、不记什么。还记得苏宝的第一次作文，我看了摇头，而克里斯蒂老师却大加赞赏。

那是苏宝班上参观一个博物馆后，老师要求记录这次参观的经过。我很重视这次作文，苏宝写完后，我看过不甚满意，我觉得那就是一份行程记录。"苏宝，你该写出你的感受，比如看到某样展品，你联想到了什么，有什么感想等等。"克里斯蒂老师的评语是：写得很好。时间、地点、事情经过记述得十分清楚明了。

克里斯蒂老师的评语让我琢磨了好几天，我觉得这要求也太低了吧？写出了时间、地点、事情的经过，难道不应该再写写感受，拔一拔思想高度吗？刚好有一次散步的时候看到了克里斯蒂老师，我忍不住提出了我的想法，克里斯蒂老师说："有感想能写出来固然好，但是不写也没什么。因为不是每个人对看到的东西都有所触动。感受应该是自然地流露，我们不要求，也不希望学生为了生发感想而有感想。"

不要为赋新词强说愁，注重自然、朴实的情感流露。自此我更加关注苏宝的写作。从苏宝的作文中，我很容易发现缺点，比如：用词不当、比喻不够精准、立意不够深刻……总之，我可以看出很多的不足，并且直截了当地指出来。一直以来，我从没有怀疑过自己处理这类问题的方式和说话的语气，指出孩子的缺点，是家长和老师的责任，不是吗？何况我一向重视苏宝的作文，作文水平体现一个学生的综合水平和实力。他们写作文的次数本来就不多，所以我不放过任何一次机会，对苏宝的每一篇作文我都会仔细品读，提出修改意见。对于写得不错的作文，我会点头，报以微笑，告诉苏宝不错，也仅此而已。而对于我认为写得不尽如人意的作文，我是不会放过的，一定仔细分析，毫不留情地指出不足之处，告诉她哪里写得不好，或者哪里的表述十分差劲。

可是克里斯蒂老师的做法与我不同，表达的方式也不同。首先对学生们写的作文不做过多限定要求，孩子们写得很自由，而老师的评语，也不似我这样"铁面无私""毫不留情"，我曾经看到过克里斯蒂老师给苏宝的评语：在这篇文章里你没有发挥出你的长处。再思考，如何发挥得更好呢？

我问苏宝："你是不是觉得妈妈总是打击你？"

"还好，克里斯蒂老师给我的鼓励大于你的打击，所以我不受影响。"

从那时起，我便十分注意自己的言行，我告诫自己三思而行，凡事力争给苏宝积极、正面的指导和暗示，看苏宝的目光尽量从挑剔换成欣赏。在苏宝学习成长的过程中，我也尽量完善着我自己。这一套学习的思路我大概摸清了，虽然它和我们曾经的经历和被教育的是那么不同。我已经不再担心苏宝的成绩，成绩在我心中的位置已经没有当初那么重要了，可是我还是很好奇：其他的家长是怎么做的呢？我留心寻找起答案。

朋友给苏宝带来了快乐，从朋友的身上，她也学到了自己不具备的才能，这也是成长的一种方式，磨炼了她与人相处的能力，这对家庭中只有她一个孩子的苏宝来说，难能可贵，既品尝到了快乐，也锻炼了能力。

第 6 章

别看年纪小，
人人都是小当家！

孩子们筹划的温馨派对

学习，绝不仅仅是指学习书本上的知识，一些生活常识、生存技能和动手能力也是非常重要的学习内容。除此之外，还有孩子的组织、筹划、领导能力的培养，这些都比单一强调学习成绩重要得多，是孩子们成长的基础，是未来生活的保障。

因此成绩好并不是全部，要培养孩子各方面的能力，是这个社会的共识。

单一地、过分地强调成绩，很容易导致孩子们变成"书呆子"，成为"学习机器""考试机器"，除此之外，什么都不会。可怕的是什么都不会也不被看作缺点，因为孩子成绩好，成绩好便一好遮百丑。以前在国内看过这样的报道：一个高中毕业的女孩子，假期一个人在家，妈妈上班前让她用微波炉热午饭，结果，这个孩子将微波炉放到炉灶上加热……这样的孩子，不懂必要的生活常识，学习再好又有什么用？她自己都无法照顾自己。

所以，学习好并不是一个人的全部，也无法成为一个人的全部。

苏仲宇参加了一次同事的家庭派对，回来时拿回来两张单子，他说是特别带回来给我看的。这两张单子引起了我极大的兴趣。这两张单子是他参加的这次派对的筹备计划清单，当他又告诉我这份筹备计划清单是由两个孩子完成的时候，我的兴趣更加浓厚了。我反反复复看着这两张单子，它们透出的信息，可不止是写在纸上的食物价格、人员计划、交通安排等等。

苏仲宇也对这两个孩子能组织起这样的派对感到吃惊，将当时了解到的详细经过讲给我听。

苏仲宇同事韦姆的小女儿两个月前出生，现在韦姆有三个小孩：两个儿子，一个女儿。韦姆建议两个儿子为小妹妹的出生举办一次派对以示庆祝。一家人经过协商，决定举办一场10人参加的小型烧烤派对，费用由韦姆来出，两个儿子负责筹划这次活动，孩子的姑姑作为两个孩子的助手，协助兄弟两个策划活动。

一次家庭会议后，形成了如下决议：

出资人：韦姆

资金：200欧元，每人计划花费20欧元

筹办人：两个孩子，大儿子11岁，小儿子9岁

派对人数：10人，父母可请各自的同事、朋友，孩子们可请同学、朋友

食物和酒水：鱼类有金枪鱼、三文鱼；肉类有猪、牛、羊肉；海鲜类有虾；蔬菜4种，以及酒水。

孩子们的姑姑作为两个孩子的助手，提醒他们请客人的时候要考虑到交通问题。

筹办派对的事情定下来后，两个孩子就行动了起来。

他们将需要采购的食物和酒水列了一个清单，接着便去货比三家。他们去附近超市里查看聚会需要的各种材料的价格并做了记录，回家后做了汇总比较，因为这些材料在几家超市里价格不一。根据性价比做了一番权衡后，兄弟俩决定在稍远的那家超市买食物，在近的这一家买酒水，这样有150欧元就够了，多出来的50欧元预算做机动使用。

在询问食物和酒水价格的同时，两个孩子还给每一位受邀的客人打了电话，确定客人能否如期参加派对，在得到肯定的答复后，两个人又做出了交通安排。哪些人自己开车来，哪些人没有车，是否有顺路的可以接送没车的客人？随后，他们把计划完整地写出来，交给姑姑，请姑姑提意见和建议，以便进一步完善。

我看到的这份计划，是最终的计划，据说和他们初定的计划基本一致，区别在于姑姑的一项提议。

姑姑认为，既然是为了庆祝小妹妹出生，应该给妹妹留下一份纪念。

在这份清单里，列出了每一种食物、酒水的价格、数量；派对上的活动内容，除了吃喝，还安排大家各自讲讲小时候的故事，或者成长过程中难忘的事情，孩子们认为，"这是对小妹妹的激励"；派对结束后由谁来整理场地；最后所有参加派对的人在一张贺卡上写一句祝福的话，并签上名字，这张贺卡便是留给小妹妹的纪念。

我十分佩服孩子们考虑得十分周到，更可贵的是，购买所有物品的收据都附在支出清单之后，以示有据可查。支出清单上还有一项是付给有接送任务的客人的油费，这是根据公里数计算出来的。

真的是好周全、好细致啊！如若交给一个成年人操办也不过如此。一个与成年人的操办并无二致的派对，令我由衷地叹服。这样一项活动办下来，孩子们从选择食物、比较价格到购买、运输，增长了多少有用的生活经验啊，为今后独立生活打下了基础。

孩子们一手张罗的派对，没出现任何疏漏。可能在我们看来小孩子能圆满地做成这件大事有些不可思议，可是在他们看来仅仅是举办了一次派对而已，已经习以为常了。孩子们早已经不是第一次做这样的事了，从很小的时候起，家长就有意识地让孩子加入到适当的活动筹备中来，特别是家庭聚会，无论规模大小孩子都有说话的权利，有表达自己愿望的权利，当然漫天要价也是不允许的，父母事先就会给孩子讲清楚预算、交通等方面的限制，对孩子的"违规"要求会坚决说"NO"的。

基本上在小学后，孩子们就可以自己试着筹办自己的生日派对了，这样不但能让孩子学会表达自己，以及如何与人沟通，提出自己的要求，还能培养孩子的统筹能力。孩子们每一次有益的尝试，都会得到父母的支持、配合。

爱的不同表达

孩子作为家庭的一员，不仅从小要参与、组织派对活动，也要承担一些力所能及的家务。孩子到了一定年龄，父母会做出家务分工。这一点总是让我感到惭愧，我在做家务方面对苏宝要求太少了，我随手就能做的事情，不会要她来做。有时候甚至觉得要她来做还不如我自己做更节省时间。

每个家长都是爱孩子的，在这方面，我们中国人尤甚。对此我们有着深厚的传统。"一切为了孩子"几乎是每个家庭的坚定目标。

在这方面，我们都知道自己是怎么做的，也了解别的家长是怎么做的。对待孩子，我们似乎习惯了大包大揽，就是希望孩子将全部的时间与精力用在学习上，当然也就极少要求孩子做家务了。

因为我们爱孩子，我们什么事情都要为他们考虑周全、安排好，这是我们爱的表达方式。

可是每天看着"别人家的孩子",我总是会思索，到底什么是爱？有朋友对我说，即使是把垃圾袋从车库放到门口，也要规定给孩子做；即使让孩子做家务会费更多的口舌、耽误更多的时间，也要教会他们，安排他们去做。因为这些家务将是他们今后生活必经的一部分。每一个家庭成员对家庭都是有责任的。不同年龄段的孩子承担着不同的家务事。难道这里的孩子们不被疼爱？这是一种怎样的爱的方式？

他们将孩子们以"大人"相待，该承担的责任与义务、该受到的锻炼与磨炼一样都不能少，家长决不做越俎代庖的事情。把孩子看"大"，这一点令我尤其欣赏，却也不容易做到，这也正是我们与他们的区别。

一看到孩子，我们就会不由自主地"俯下身"去，不由自主地将他们看"小"了。

"还小呢，这个你不懂……"

"还小呢，你不会……"

"等你长大了……"

这些话我们都说过，也许今天还在说着，再熟悉不过了吧？可见家长也需要教育。孩子终归要长大，要面对他该面对的一切，与其到时候手忙脚乱出现各种不适，不如从小就把他放在和大人一样的世界里，而不是我们用爱心构筑的"保温箱"里。

我忽然想起这样一件事，一件让我深受触动的事。有一次我在朋友家吃午饭，朋友有个一岁多的女儿。吃饭的时候她将孩子放在儿童椅上，和我们一起坐在餐桌旁。她把孩子的食物放在小碗里，然后递了一把勺子到孩子的手里。我非常惊讶，我以为她会喂孩子的。

"你不喂她？！"

"她自己会吃。"

可是，孩子根本吃不好，一勺食物递到嘴边已经洒了一半，我看了一会儿，恨不得自己去喂她。

"你还是喂她吧，这样她吃不饱的。"

"不会的，让她慢慢练，现在已经比前几天进步多了。"

"她还小，自己吃不好的。"

"练会了就能吃好了。"

我无语。这算是狠心吗？我想起苏宝小的时候，姥姥满屋子追着她喂饭，求着她多吃一口。

不仅是在饭桌上让孩子自己处理自己的事情，在公园、在运动场、游乐场里，只要不存在安全隐患，孩子们完全会放开手脚地去玩，攀爬跑跳，尝试各种运动器材。父母则坐在一旁看着，遇到摔倒、失败，及和别的孩子的争执，基本都由孩子们自己解决，家长极少过去干涉孩子们的活动。

我记得曾经和好朋友菲比有过一次这样的聊天。那是在苏宝刚刚入学时，我跟菲比感叹苏宝在陌生的学习环境里的不容易。她当时问了我一句话，令我记忆深刻。她问："你们出国苏宝同意吗？"

那一刻我愣住了，出国这样的大事，我们从没想过要征求苏宝的意见，她那么小，能懂什么？能有什么想法？

我当时很不理解她这一句问话，我也不知道即使和苏宝商量又能商量出什么结果。后来随着我们对当地生活的深入了解，我渐渐明白了，孩子在家庭中的重要性体现的方式与我们的不同。我们的表现是爱护，是层层的保护，而他们，则是始终让孩子站在前面，和大人在一个水平线上。他们认为孩子是家庭的一员，任何一个孩子都有表达自己意愿的权利，也就是有话语权，即使在很小的时候，吃什么、玩什么都是他们自己选择，父母为了孩子身体的营养与健康，会支持或纠正，对孩子的选择做出协调，但是不管孩子选择得对与否，他们都有自己做出选择的权利。

孩子稍微大些了，上了小学，家里的事务和他们的关系就更加密切了。大到搬家、家居装饰布置，例如选择怎样的装饰风格，至少孩子自己的房间由孩子做主；小到旅游度假、家庭聚会等。例如，去哪里度假，选择什么样的线路，预订旅馆等等，孩子们都有表达自己想法的权利，有时候则完全由孩子们设计线路，做好旅游攻略。父母最大程度地给予支持和尊重。

父母始终有耐心做一个倾听者，给孩子说话、表达的机会，即使孩子的意见、想法是错误的，也给他们说出来的机会。

所以孩子们从小就懂得了如何表达自己，如何说服别人同意自己的想法，在和父母的商讨中，判断力、分析能力也得到了锻炼。

这和我们一些惯常的做法是多么不同啊。在我们的意识里，越是爱孩子，就越是把他们保护得好好的，包裹得紧紧的。入冬了，孩子并没有觉得很冷，祖父母或父母就说话了："你要穿上……，否则要感冒了。"碰上孩子执拗不穿，还会追加一句："听话，这是为你好，否则感冒了多难受。"

于是孩子穿得严严实实地上学去了，家长也不管他经过一个课间是否会满头大汗，大汗之后是否更容易感冒。

孩子的课业负担重，好了，不要做一点儿家务：你只要好好学习，其他都不用你管。

在很多事情上，我们的初衷是为了孩子好，可是我们有多少次真的征求过孩子们的意见，听听他们的想法呢？

我们喜欢想当然地做事情，我觉得这样是好的，那么你也应该认为这样是好的。

出国后结识了不少中国来的留学生。我们的留学生绝大多数认真努力，看重成绩，总想自己在各科目中都有一个好的表现，可是结果却总是事与愿违。为什么呢？这里的大学教育和国内不尽相同，而我们的留学生的学习方法也有待改进。比如，我们的留学生听课时遇到难题和费解的地方，宁愿课余时间多花上几倍的时间自己钻研，也不愿意当场向老师发问，或和同学们探讨；我们的留学生对抛头露面在公众场合表达自己的想法、见解不够踊跃，这样的机会能躲就躲掉，能交给别的同学做就交给别的同学，表现出的是惧怕和羞怯。"我们心里有数，只是我们不善于表达自己。"很多人都是这样的心态，可是，不表达自己是不行的。这里的大学教育和国内大学教育非常重要的一点不同是考试的形式。在考试的时候，我们都习惯了答完试卷交上去就结束了，可是这里交上试卷后也不能离开，要等着抽签口试。这种口试通常有十五分钟时间。在这十五分钟里，一问一答。你学到了哪些知识？学得怎样？你的知识水平已经呈现在老师面前了，该如何评价你的学习成果老师心里也有了答案。

常常有同学觉得口试的这十五分钟比两三小时的笔试答题更折磨人，要知道用笔表达和讲出来还是有很大区别的。讲出来要求对知识有更深刻的理解、更熟练的掌握，同时还要思维敏捷、反应快。总之，要讲出来，要表达自己，可这正是我们的留学生的软肋，和他们从小欠缺这方面的锻炼有很大关系。

我开始改变自己的想法和做法，对苏宝，鼓励她把自己当成"大人"，分配给她该做的事情，也鼓励她凡事要有自己的想法，并且将自己的想法表达出来。

第一章

孩子，我愿意陪伴你长大，但你也必须学会承担责任！

音乐节上的交流

　　我的家乡虽不是中国的四大火炉城市，但是夏天也常常是三十八九度的高温。从小到大感觉最难熬的日子都在夏天里，我从没有想过夏天这样的季节也可以用宜人来形容。

　　夏天的样子嘛，就是高温闷热、太阳炙烤。每到夏天，人们大都愿意躲在空调屋子里，望着室外，心生畏惧。人们惧怕太阳，躲避太阳，用遮阳伞遮挡太阳。

　　可是在这块土地上并不这样，人们是那么喜欢太阳，大概是物以稀为贵吧。夏天里，太阳却是个稀客。可以想见，一个并不炎热的夏天，外面繁花似锦，人们可以四处悠闲度假，这个时刻太阳也是受欢迎的。

　　整个夏季，气温大都在二十度左右，偶尔热起来，气温飙升到二十八九度的时候，已经是很热的了，这样的温度持续一周左右。每每遇到阳光灿烂的日子，就会发现，平日里安静的小城一下子热闹起来。午间最炎热的时候，人们不是逃避，而是纷纷走进阳光里。随处可见的草坪上，有在一起野餐的年轻学生，有父母带着孩子玩的，还有身穿比基尼边看书边享受日光浴的人……

受到他们的感染，我也频频走出家门。

当正午十二点时，小城的上空就会回荡起悠扬的钟声。大教堂顶上的小金人，准时在这一刻敲钟，日复一日，年复一年。

大教堂就坐落在广场的南侧，正对着旧市场那条街。旧市场如今已不再举办任何集市活动，仅仅是一条街的名字了。不过这条街却和这个地方一样有名——这是著名的酒吧一条街。正午时分，人们伴着悠扬的钟声，从不同的地方走向广场，走进餐馆、酒吧，于是用不了多久的时间，大小餐馆、酒吧就陆陆续续坐满了人。

规模不一、风格迥异的酒吧此时找到了共同点——都在室外摆下一张张桌椅，这些桌椅摆在一把把巨大的遮阳伞下，仿佛在天使的羽翼之下，把悠闲带给桌边围坐的人们。

钟声还在继续，是让人放松的旋律。喝上一口冰啤酒，抬头望望浅蓝色的天空，广袤而宁静，没有云彩。

不知从何处传来鸽子的叫声——"咕咕""咕咕"……

时间就在这悠悠的钟声和鸽子的叫声中，被人们遗忘……

侍者穿着深蓝色的围裙，或单手托起摆放着酒杯的托盘，或双手牢牢端着四只大号的装满啤酒的酒杯，轻盈地穿梭于一张张餐桌间。

钟声已停，鸽子的叫声时断时续，好像被什么人指挥着。

Duvel、Hoegaarden、Chimay……，啤酒种类繁多，点上一杯，或独酌或三五好友小聚，慢饮轻谈中，静等着漫长而柔和的黄昏的降临。

我第一次意识到，夏天可以这么过：从容、悠闲。

当然，这不是夏天的全部，别忘了，夏天可是人们的度假季，小城里的活动也很多，啤酒节、音乐节等等。无论啤酒节还是音乐节，都是居民们的狂欢节。

音乐节里会有很多场音乐会，这样的音乐会相当随意。小城里大小广场很多，每一处广场的中央都可以搭起一个简易的舞台，舞台下摆好一排排座椅，路过的人喜欢听就可以坐下来听，不想听了随时可以离开。这时候也是广场两侧的露天酒吧生意最忙的时候，人们点上一杯啤酒或饮料，边喝边欣赏音乐，兴之所至，也可以到广场中随着人群舞动一番。

我和三位家长朋友相约，就是在音乐节的这段时间，这三位朋友是苏宝在学校的好友的母亲，因为孩子们间的友谊，大人们也成了朋友。不过今天我可是醉翁之意不在音乐，我想知道她们平时对孩子的教育持怎样的态度，是放？是管？如何对待孩子的个性？

当我真正深入接触了这些家长后，我才发现，原来我们对他们的教育观念有着那么深的误解，而他们的教育方法以及对孩子的关注点与我们又是那么不同。

耳边悠扬的音乐把人的心熨贴得平和快活，我们四个点了饮品后，快人快语的瑞塔就说："这是西贝柳斯的《d小调小提琴协奏曲》，非常著名的一首曲子。"

这个话题没有我说话的份儿，可她们三个，聊起音乐，聊起一首首曲子，就像谈论的是老朋友，可是她们中没有一个人的职业与音乐有关。

"你们是在什么时候学的音乐？"我问。

"上学的时候啊。"玛格丽特说，"学校里有音乐欣赏课，这对我们影响很大，很多同学都去单独学了乐器。我学了钢琴，瑞塔学的小提琴。"

"是的，"瑞塔附和着，"我们很多人去学，后来又陆陆续续放弃了，兴趣也没有那么浓厚了。人总是在变的。虽然放弃了，可音乐一直没离开我们的生活，这很重要。从另一方面来看，我们根本没有放弃，音乐让我们的生活丰富多彩，我很庆幸那时候学过小提琴。这些年里，我不时地演奏小提琴，这让我感到很愉快，我的家人也感到愉快，拉小提琴让我多了一种情感表达方式。"

玛格丽特和金纷纷表示赞同。她们三个是一个学校的，不管什么时候，都能找到共同的回忆，真让人羡慕。

我心中自叹弗如，我的学生时代，心无旁骛，潜心学习文化知识，可是，我究竟比别人多懂多少文化知识呢？

聊够了音乐，该进入我关心的话题了。

"你们那时候上学和现在的孩子们有什么不同吗？除了知识的更新，我是指学习的压力方面。"

我这个问题大概让她们三个都感到奇怪，或者完全出乎她们的意料，她们都对我睁大了眼睛，思索了片刻，摇摇头。

"没有感觉到不同，是不是？"玛格丽特说着，目光征询似的在另外两位的脸上扫过。

"没有。"另外两个人表示赞同。

"我想我们一直是这样的，"瑞塔说，"你想成为怎样的人，是自己的选择。小学的时候，就是鼓励孩子们接触各方面的知识，这样才能找出自己的兴趣所在，现在也是一样。"

"那你们每天要不要陪伴孩子学习？"

"嗯？陪伴学习？"瑞塔一脸疑惑，"我时刻都会陪伴在他身边，只要他需要我，我会全力帮助他的，无论什么时候。"

"我的意思是，比如晚上陪他们写作业，写完作业帮忙检查，和他们一起把学过的知识复习一遍，多找一些数学题做，或者教他们一些其他的知识。"

金笑着拍拍我的肩膀："放松些。"

瑞塔说："学习是他们自己的事情，他们有问题可以随时来找我，我肯定会帮助他们。"

"可是，如果孩子偷懒，或者想去做更感兴趣的事情，学习中有问题也不问呢？"

"你不能从开始就怀疑孩子，为什么要认为他们会这样做呢？你要充分相信孩子，他才会有责任感，学习也是一种责任。即使他们有问题不问，也没关系。一个问题不解决，会生出第二个问题，总有问题爆发的时候，那时候是一定会解决的。"

"啊？"我心想这也太……太大胆了，等到最终爆发的时候，还来得及吗？光这么想想我都觉得可怕。

"你要知道，"玛格丽特说，"即使你陪着她学习，也不一定能发现问题，因为她不过是跟着你的思路走，这样陪伴时间长了，她就不会自己学习了，还是应该给孩子充足的时间，让她自己学习，自己发现问题。"

"最后，只有一句话：学习是他们自己的事情。"瑞塔哈哈笑着说。

"我跟你们讲讲我的担心吧，"我说，"我担心她学习上的问题积攒太多，到爆发的时候再解决已经来不及了；我还担心她会走弯路，影响了自己的前程。"

我话音一落，她们都不作声了，我想大概这个问题问倒了她们，或者她们根本就不理解我的意思。

瑞塔很认真地看了我一会儿，反问了我一个问题："你说来不及，你打算让她去做什么来不及？"

"我的意思是，别的孩子都走得很远了，而我的孩子还在原地解决问题。"

"解决了问题一样可以朝前走啊。"

"那就和别人拉开距离了。"

"你怎么知道别人就不会遇到问题呢？任何阶段总有这样那样的问题，每个人遇到的问题并不一样。你在这里停下一会儿，别人会在那里停下一会儿，上帝是公平的，最终大家都是一样的。"

玛格丽特轻轻拍拍我的肩膀："不要想太多，亲爱的。人生不是一场追逐的游戏，每个人都应按自己的节奏，过自己的人生。运动员有运动员的节奏，而我们只是普通人，我们有普通人的节奏。人生的路很长，不一定走得越快就越好，只要大家过的都是自己想要的人生，走着适合自己的路，都会很快乐。"

"对的，孩子们学习是他们自己的事，虽然年龄还小，但是也要学着为自己的行为负责。"瑞塔说，接着瑞塔给我讲了一件事。有一天晚上，她的儿子路易贪看足球赛没有按时睡觉，瑞塔提醒了他两次，没有效果，瑞塔便不再作声。

第二天早上，路易起晚了，瑞塔对他说："你今天要迟到了，但是我不会开车送你去学校，迟到是你自己造成的，我曾经提醒过你的。"

路易看看时间："我不吃早饭，跑步去学校也许不会迟到很多。"

"随便你。"

路易背上书包就跑出了家门。

瑞塔说那天路易迟到了五分钟。

"你若是开车送他，他就不会迟到的。"我想换作是我，我肯定会送苏宝的。

"不能送，迟到受老师批评处罚，是他该得的教训，是他自己的原因造成这样的后果，不应该由我来承担责任，他要为自己的行为负责。"

"你们对孩子真严厉。"这是我发自内心的认识。在孩子的成长过程中，中西方家长所采取的方式是那么不同。对于西方教育，原来并不是我曾经认为的放养，他们强调孩子的自由成长，尊重孩子的个性，但从没有放任，似乎有一个规则，一切都发生在规则内。

放手，就是为了让孩子更好地长大。

这是一种心态，认真思索这种心态，不由得让我心生欢喜。

我把苏宝安排在她同学的家里，和朋友相约消磨的这一个下午还是有非常大的收获的。

真值得庆幸，有这样一个下午让我受益匪浅，心胸豁然开朗。曾经说过，放松是最好的学习状态，现在想来，放松不单单指孩子学习时的状态，父母对孩子的教育也该抱着放松的心态。

和苏宝的卧谈

人生的每一个阶段都需要学习。孩子们在成长，作为家长也在成长。当孩子出生时，我们学着、摸索着如何当父母；孩子上学后，我们也在学习如何对待学习。我们对待学习的态度，直接反映在对待孩子的态度上，而我们对待孩子的态度，又影响着孩子的学习态度。

这一环扣一环，形成了日常的家庭生活步骤，也是一个家庭稳固和谐的基础。尤其是在我们这个十分重视教育的国度，我们都认为孩子是家庭的希望，孩子好，父母的辛苦付出都是值得的，孩子好也是父母毕生的追求。可以说，倘若这个循环是良性的，那么从孩子到家庭都会出现我们乐见的结果。

我想到了我和苏宝。

一直以来，我和苏宝之间的关系都是十分融洽的。我们是母女，有时候我们也是朋友。为了我们之间的顺畅交流，特别是为了我对她能有更好的了解，我们俩之间有着一种非常有意思的交流方式，我们称之为"卧谈会"。"卧"就是我们两个躺在一张床上；"谈"就是两个人都说说当天或近一段时间发生的事情、感受等，大部分时间是我引导她说。

出国后，特别是苏宝进圣彼得学校之后，我们之间的卧谈会就更频繁了，这也是形势所需，我要安抚苏宝，不能让她在心理上有畏难情绪，鼓励她克服眼下的困难，告诉她父母会一直不遗余力地帮助她。通过这样的卧谈，我了解到苏宝最初上学那几天的心理感受，我心疼不已。

最初的那几天，我格外关注苏宝的情绪，我要了解她在学校都做些什么，是怎么度过的。有一天晚上我们聊天的时候，苏宝问我："你注意到鸽子的叫声了吗？"

"嗯，白天的时候经常听到咕咕、咕咕的声音。"

"我也经常听到，特别是在课间的时候，没人跟我玩，我就坐在那里听鸽子叫。鸽子的叫声很有意思呢，听起来湿漉漉的，声音是湿的，你明白吧？而且越听越觉得声音来自很遥远的地方，虽然远，可是却越来越清晰，然后，耳朵里就只有这一种声音了，同学们的说笑声就都不存在了。你说怪不怪？"

我心疼地搂紧了苏宝，她的确是个感情丰富、心思细腻的孩子，我能体会出咕咕叫声背后的孤独。

正是了解到苏宝最初这几天学校生活的无助，我才更理解苏宝对夏洛特的感情。夏洛特就是在苏宝最艰难的时刻出现在她身边的，让她感到了亲切友好，她是苏宝的第一个朋友。

课间的时候苏宝一直都是孤零零一个人的。夏洛特就走到苏宝的书桌前站住，看着苏宝。看得苏宝有些惶恐，不知所措，夏洛特转身跑开了，很快又拿了一本漫画书和几张纸来到苏宝面前。她把书和纸摆在苏宝的书桌上，指着一页书上的两个动漫人物，问苏宝喜欢吗？但是苏宝听不懂她的话。夏洛特递给苏宝一张纸，自己也拿了一张，开始画那两个动漫人物，苏宝明白了，于是也画了起来。一个课间没画完，等下一个课间继续画。两个人边画边笑，虽没有对话，但都能明白彼此的动作。从这以后，对苏宝来说虽然短暂却难熬的课间终于变得有意思起来。她们的友谊就从一起画画的时候开始了。上学不再让苏宝感到恐惧，因为学校里有夏洛特。两个人慢慢熟悉起来后发现，原来彼此有着许多共同的爱好，比如喜欢画画，喜欢看书，喜欢写东西……

当然我和苏宝卧谈的话题并非都是这么沉重，我们聊的更多的是在一起的快乐时光。

这里的小学不仅仅教给孩子们文化知识，平时还为孩子们做许多事情，特别注意为孩子们留下一些有纪念意义的东西，其中最让我由衷喜欢的事情，就是学校每年都会给孩子们拍摄一组纪念照片，包括一张老师和全班同学的合影照片和若干张孩子个人的不同尺寸的照片，一寸、两寸、五寸、八寸……这些照片由学校请来的专业摄影师给孩子拍摄，其效果无可指摘。每年一组这样的照片，是孩子们成长的纪念。再比如过生日的同学会收到一张有全班同学签名的贺卡，感受到来自每一位同学的情谊。这种值得纪念保留的东西，一点一点地让孩子们学会珍惜。苏宝第一次拿回班级合照的那天晚上，我们两个趴在床上一起看，那时候苏宝的同学我也只认识四五个，不过我常听苏宝提起不少同学的名字，也记住了一些。一时间不知来了什么灵感，我对苏宝说："我可以猜出你同学的名字。"她一听来了兴致："猜啊，猜啊。"

"好。"我对着照片端详片刻，然后指着第一排的一个金发男孩说："这个男生名字的第一个字母是B，对不对？"

苏宝点点头。

"他叫布莱姆，对不对？"

"对！"苏宝非常吃惊。

我又指着另一个男生说："他叫文森特，这个女孩就是卡特琳娜。"

一连蒙对了三个，我自己都佩服自己。苏宝更是一脸惊愕，不可思议地看着我。

"你知道吗？有时候我就是神通广大啊。还记得那次你并没有给我介绍，我就在十几个学生中找出了哪个是夏洛特吗？"

苏宝仍旧一脸难以置信的表情，我呢，赶紧见好就收，转移了话题。

苏宝也曾给我讲过她的"神游之旅"。

升入四年级后，苏宝就不用我每天接送了。苏宝将从家到学校这段不足十分钟的路程，称之为"神游之旅"。她说特别享受这段独行的路程，若是哪天有了同行者，她还不喜欢呢。

从家门前的那条街走出去，向右拐一个弯，正前方就是圣彼得学校。左手侧是一个小型停车场，里面无规则地长着几棵树，树身单薄，并不吸引人，只是角落里的一棵茂盛的紫藤，在春天的时候，吸引着路人的目光。我们刚到这里的那一年，紫藤花已开始凋谢，苏宝见到的只是树上干枯的枝条、零星的紫藤花，并不觉得它漂亮。可到了第二年的春天，这一树的紫藤花到底是让苏宝实实在在地感到了惊艳。每天路过，都要在心里赞叹一番。

停车场附近有一个简易的房子，每到放学的时候，里面就会飘出炸薯条的香味。

一路上紫藤、炸薯条店、古老神秘的民居，都是苏宝发挥想象力的素材。她可以想象薯条若是有生命的，它们会有什么样的心声，也可以想象老房子里面的生活……

这样的交流不仅让我及时掌握了苏宝的思想动态，更增进了我们的感情。

在孩子与父母的关系中，听到最多的一个词就是"陪伴"，我想我在这方面做得并不差。父母陪伴着孩子成长，而绝不是我以前认为的那样——放手。之所以看上去像是放手不管，只不过是父母不安排孩子的路，给他们机会去尝试，也给他们时间去犯错误，去改正错误，让他们自己去摸索适合自己、同时也是自己想走的路。父母陪伴在孩子身边，给予的是支持、指导和建议，选择权在孩子手里，父母要尊重。

做到这一点是非常不容易的，因为我们爱自己的孩子，我们自己在人生道路中有过的失误、犯过的错误，我们希望自己的孩子不要重蹈覆辙，我们希望孩子的一生顺利。所以为人父母的我们尽量为孩子安排着一切，每当孩子有不同意见的时候，我们的第一个反应就是：我是有过经验教训的，所以你一定要按我说的做，我一切都是为了你好，绝不允许孩子偏离轨道。殊不知，现实的真相往往是残酷的，不论我们设计得有多周全，我们所经历的成长的痛孩子同样要经历，不可避免。那些曾经有过的对未来的恐惧、对眼下生活的迷惘、那些爱的伤痛……无一不被再经历一遍。这就是成长。与其仅仅呵护他们免受伤害，不如培养他们勇敢面对现实的勇气，让他们有一颗坚强的心。越是让他们早些受到足够的锻炼，他们越能适应这个世界。

特别的"表白"派对

那天我们几个朋友在音乐节上临分手的时候，瑞塔邀请我们三个下周末去她家参加一个派对，是专门为她大女儿伊莎贝拉举办的"表白"派对。

我们三个一时没听懂，我更是迷糊：表白还要举办个派对吗？

瑞塔跟我们讲起了她的这位令她欢喜又令她忧愁的大女儿。伊莎贝拉是个十三岁的初中生，一个学习非常出色的女孩，但这也是让瑞塔感到忧虑的地方。伊莎贝拉基本上每天除去吃饭和睡觉，余下的时间全部用来学习、读书，即使是节假日里她也没什么社交活动。按我们看来，这样的表现让人高兴还来不及呢，可是在这里，书呆子可不那么受欢迎。瑞塔的担心正在这里，她不希望女儿没有朋友，缺乏社交能力以致影响到她以后的生活。

可是谁也没想到，这样一个潜心学习的孩子近来也有了心事。

伊莎贝拉悄悄告诉妈妈，她喜欢一个比她高一年级的男生，他们同在一个物理俱乐部。女儿口中的那个男生非常非常聪明，而且人也很帅，她对他十分倾心，可是她不敢去找他，没有勇气让他明白她的心思，她除了烦恼、痛苦，不知道该做些什么，因为她从来没有和男生交往过。

瑞塔赶紧安慰女儿，告诉她妈妈会和她一起面对这件事，帮助她实现愿望，同时，瑞塔的心里也感到高兴，这是一个好机会，让女儿克服羞怯、走向更广泛的社交生活的好机会。她想来想去，决定为女儿举办这个特别的派对。

我们对此都十分感兴趣，答应一定会去的。

瑞塔说："记住，那一天不必带礼物，但是每个人必须带一个故事来，一个真实的故事，讲讲你曾经做过的最好的表白或最糟糕的表白。"

"什么？"金和玛格丽特听完笑了起来，我却笑不出来，"这个礼物，我准备不了。"

"为什么？"六双眼睛齐刷刷盯住我。

"我没有向别人表白过，哪有什么最好的、最糟糕的？"

"什么？"轮到她们表示难以置信。

"相信我，我说的是真话。"

瑞塔充满同情地抱抱我。"我相信你，因为你是中国人。好吧，特许你不准备礼物，但是你一定要来参加，这对你很重要。"

看来瑞塔还是了解中国的。在中国会有父母帮着一个十三岁的孩子向异性表白吗？这事只要一露苗头，结果就是天天被谈话做思想工作，最初是晓之以理，动之以情，若仍没有悔改之意，便是声色俱厉，骂也被骂死了。要知道坚决把早恋苗头扼杀在摇篮里可是家长和老师们义不容辞的职责。所以这苗头哪敢露？哪个孩子敢跟父母主动提起这件事？不要说十三岁，即便再长大十年，主动向父母讨主意的也不多。

我答应瑞塔一定会去。对这样一个闻所未闻的派对活动，怎么能错过？

那天派对的内容是这样的：瑞塔邀请了六位成年人，来讲一讲他们各自认为最好的表白和最糟糕的表白经历。另外还有一个由四个年龄在十三到十五岁之间的男孩和女孩组成的评判组，负责评判出最受欢迎的和最不受欢迎的表白，同时，还要提出一些自己感兴趣的问题。这四个孩子非常认真，边提问边做详细的记录，他们的问题可不少呢！

比如：

"如果要表白，选择什么样的环境、什么时机效果更好些？"

"如果被拒绝了，心情会糟糕到什么程度？多久才能重新产生希望？"

"拒绝别人后会是怎样的心情？"

"如果表白成功，接下来是希望得到一个吻还是拥抱？"

"如果是你不喜欢的人向你表白，心情会是怎样的？"

……

原来派对不都是吃喝玩乐。这是一个与众不同的派对，如此动人，充满温馨。我听到了笑声，也看到有人在不时擦着眼睛。它唤起了人们心底的温柔。不论当时的表白是成功还是失败，都是自己为自己留下的一份礼物，留到多年以后的某一天，如暗夜中被点燃的温柔烛火般被打开，让自己深受感动。

我看向伊莎贝拉，小姑娘带着对未来淡淡的期待，说："我不知道结果会怎么样，但是至少现在我不那么害怕了，充满自信的感觉真好。"

整个过程那么美好。妈妈为了孩子付出的这番心思本身就是一份满满的爱，它使孩子明白，妈妈始终和她在一起，陪在她身边，不管她遇到什么事情。鼓励孩子有勇气表达自己，是不是比能解高深的数学题离幸福更近一些呢？

我后来问过瑞塔："如果伊莎贝拉真的和那个只有十五岁的男生交往，你觉得合适吗？"

"我知道，她年纪还小，对自己还不够了解。他们交往的结局早就是写好了的。但是这个过程她一定要经历的，在经历中寻找自己，这是人生必修课，不经历怎么长大？"

放手，为了孩子更好地成长

既然在谈欧洲教育，我们就不能不提到德国。

我们都知道德国是个怎样的国家，德国经济力量雄厚，在全球金融危机以及希腊经济危机中，德国支撑着欧盟的半壁江山。德国科技发达，有着领先世界的科技水平和发明，这些通过德国人在历年诺贝尔奖中所占的比例也可以证明；同时基础工业也大都是业界翘楚，德国的制造业更是技冠全球，从汽车到剃须刀，与我们的日常生活息息相关。德国人以严谨著称于世，社会秩序井然，这些都离不开良好的教育基础。然而德国的教育状况是怎么样的呢？稍作了解便会让我们大跌眼镜。他们对教育的态度，真的一点儿也比不上我们那么上心，那么高质量的教育又是从何而来呢？这里面似乎有些东西是我们不能理解的。

德国的教育，从幼儿教育开始，看上去是那么松松垮垮。

比如：德国有宪法规定，禁止学前教育。这一条，就足以让我们瞪大双眼，张大嘴巴，不能理解！因为我们是从胎教抓起的，我们认为对幼儿的教育抓得越早，孩子成才的机会就越大；抓得越早，越说明父母及家庭的阶层与地位，有文化的人才重视文化；抓得越早，越能成就孩子未来的光明美好——不能输在起跑线上嘛！

可是德国竟有这样的法律规定！在我们看来这样的法律规定十分不可思议，难道他们就心甘情愿自己的孩子"输在起跑线上"？

德国教育界有个共识，那就是过早的教育破坏孩子的想象力。凡事都有自身发展的规律，孩子的成长也不例外。他们在相应的阶段要做相应的事情，保护孩子的天性和与生俱来的能力更重要。

如果不允许学前教育，那么幼儿园存在的意义是什么呢?

我们看到的情况是，幼儿园不仅有，而且还不少呢。在德国的街区里漫步，不经意间就会见到一所幼儿园。里面的建筑通常有两三层高，四周是大片的活动场地，有沙子地面，有石头地面，有草地，但没有我们国内常见的橡胶地。孩子们自由活动，滑滑梯、荡秋千、攀爬，玩得自由自在、不亦乐乎。老师们则并不干涉，只在旁边看着。孩子们在玩耍的过程中，难免磕磕碰碰，摔倒了就自己爬起来。天气寒冷的时候，也见不到穿着羽绒服等臃肿服装的孩子，一般仍是长袖薄裤，清爽利落，利于活动。

德国人认为，孩子们该在这种"残酷"的环境下成长，父母过多地呵护，对终归有一天要一个人独自面对生活的孩子来说，不是一件好事，现实的世界，从小就应该面对。同时，就像我见到的那样，他们很早就锻炼孩子自己吃饭，自己学着做事。对于大一些的孩子，家长们平时也不强迫他们一定要去做某件事情，只给他们必要的提示和鼓励，家长也不包揽。他们普遍有这样的认识：不会给孩子喂饭，饿了会自己吃；这次不会吃，下次自己就会吃了；不强迫孩子一定要按照某种方式做某件事，那样可能会抑制孩子独立行为的发展。帮他完成某些事，日后他就只会做那些别人做过的事，而缺乏创造性。

这样的观点，让我们禁不住深思，给孩子过多的关爱真的有利于他们的成长吗？

我也常常和朋友们探讨，我们都认为，让孩子自己做些事情，对他们的成长大有裨益。可是有时候我们心理上根深蒂固的观念，真的不好改变——我们忍不住要表达我们对孩子的爱。我也在反思对苏宝的教育，努力克服自己的溺爱之心，把爱孩子的心情换一种表达方式。当然，德国的法律还有一条，我想更会令我们很多家长瞠目结舌、哑口无言，内心颇不平静，那就是禁止父母唠叨。

我把这样的规定讲给在国内做老师的朋友力维听，她大笑。是啊，这条规定听上去有些好笑，哪个父母不唠叨？我们唠叨的目的是什么？沉吟半晌后，力维又说："真让人汗颜。我想我就是不合格的家长和老师，平时对孩子，眼里不揉沙子，不能容忍他们犯错误，哪怕是一丁点儿的小错，我也紧张得觉得这个孩子从此完了。什么事都要求完美，看来我真该好好反省一下了。"

我们都习惯了，想当然地忽略孩子的感受。

我们要学的是如何去爱。该怎样去爱孩子？既不能过度，又不能缺失，真的很难把握，所以要去学。

走进幼儿园深入了解发现，德国的幼儿园不分年级，所有年龄的孩子都在一起，主要的任务就是快乐地玩。不过你也不要以为他们真的在没心没肺地玩，那些对对与错的认知、那些良好的习惯和公民素质就是这一阶段由学校和家庭共同培养出来的。幼儿园的老师会教孩子们如何乘坐公共交通工具回家、如何遵守交通规则、在公共场合的时候不能大声说话，以及如何进行垃圾分类等基本的社会常识。另一项任务是培养孩子的动手能力。幼儿园会让孩子根据自己的兴趣参与手工制作，培养他们的动手兴趣，并让他们从小就主动做具体的事情，由简单到复杂；同时幼儿园还注重培养、保护孩子的情感胚胎，培养情商，培养领导力。

孩子的成长过程，也是父母的成长过程。我们在孩子身上看到了自己，修正着自己。

有多少家长不是呢？也许读者会觉得中国与西方大环境不一样，没有可比性。诚然，我们的教育环境相差甚远，我们个人也无力改变环境，那么，我们就从此改变自己对孩子的态度吧，心平气和地对待孩子，心平气和地对待孩子的进步、失败与错误，让他们从小品尝到生活真实的滋味，不过分溺爱，不过分呵护，也不给孩子太多的压力，让他们轻松健康地成长。

长大不是一件容易的事。孩子在不同阶段有不同的需求，对孩子的教育，只要跟上他们自身的需求就可以了，不可以逆天性而为之。其实在我们身边，有着很多值得反思的例子，只是我们经常自欺欺人，有选择地看待事物。就说说那些神童吧。常有这样的报道，某某小孩，两岁的时候就认识上千字，会背多少首古诗，会说多少多少英语单词，本该上小学的时候，中学的课程就学完了，然后被某某大学破格录取，成了某大学当年最小的大学生，一时间媒体不吝溢美之词，家长们心生羡慕，恨不得那就是自家的孩子。既然那不是自家的孩子，那么回头就开始"培养"自家的孩子。可是，人们只看到了这风光的一面，往往忽略了报道中那句"为了保证其顺利学习，其母跟随，照顾生活"。人们对这句话视而不见，也再次说明了我们看重的只是成绩，只是结果。上名牌大学就是结果，迈进名牌大学的门槛，便此生完满，父母完满完成任务；成绩好就是一切，可以掩盖任何缺点。

每当有这样的神童出现，社会就跟着兴奋一段时间，有意思的是当整个事件还没有停止发酵的时候，神童便已不神了。他们无法适应大学更深入、自由的学习氛围，欠缺与人交往的能力。这种从"神坛"跌落下来的孩子，连个凡人也不及。因为在该玩的时候他没有玩，早该掌握的技能他不会，而到了该学的时候他已没有了学习的后劲。如昙花一现，人们见不到他们后来在相应行业的突出贡献，甚至连个人的生活幸福都无法保证。可见，哪里有什么神童，不过都是拔苗助长的产物。

这是违背成长规律的悲哀。不论对家庭还是对社会，我们需要的不是神童，而是一个自然的、身心健全的人。

第 8 章

遵守规则与信守承诺

夏洛特受罚

一转眼在这个城市生活两年了，我们一家的生活节奏也适应了整个城市，渐渐慢了下来，慢生活中的点点滴滴，让我体会到了一种按部就班的美好和从容。就像这个城市的建筑，几百年来就是这样在风雨中，任时光流逝、时代变迁，不卑不亢，仿佛一切变化与它们无关，它们只是看客，只是沉默的围观者。徜徉在城市的街巷，仿佛走在时光中，一次次与历史和现代对话，体味古老与现代的和谐。不经意间，总是让人觉得历史并没有走远，一切都还在那里。

苏宝每天上学总是要路过一栋古老的民居，三层高，有着又高又尖的屋顶。红色的砖墙，墙皮斑驳，刻满岁月风雨的痕迹。晴天的时候，墙壁的颜色是浅红色，用手轻轻滑过，手指会沾上粉红色的砖灰；雨天的时候，墙的颜色要深一些。门楣的顶端，刻着一行数字——1645，这是建造这栋房子的时间。

我曾无数次地走过这栋房子，喜欢看雨天时墙壁的颜色。向着街道的这一面，每一层有三扇窗户，两边的大一些，中间的小一些。窗户上色彩浓烈的彩色玻璃被金属条隔离成一块一块的小方块。老宅两侧的墙壁，大部分被青藤覆盖。古旧的木门上安着铁环，铁环上锈迹斑斑。这是一栋特别能激起人无限遐想的建筑。有一天领着苏宝走过这里时我还对她说，这栋房子很神秘，两年来我从没见过有什么人从此门出入，但偶尔窗户会打开，里面白色的蕾丝窗帘的一角在风中摆动。如果在午饭或晚饭时间路过，还会闻到饭菜的香味。

苏宝说："也许他们还有另外一个门。"

我恍然，苏宝说得有道理，通常这样外表看起来不起眼的房子，往往内部别有洞天。

城里这样古老而又普通的民居不少，每次路过一处，都禁不住遐想联翩，时间就像静止了一般，连在房子外良久驻足张望的人，仿佛也被带进了几百年前……

曾经有朋友开玩笑说："等哪一天离开这里的时候，就去树林里或街边找一棵树做个标记，过一些年后回来再看看，那棵树很可能还在那里。"

我也觉得很有这种可能。

不过，千万不要以为生活如一潭死水。生活是丰富多彩的，充满激情，也不缺少碰撞。了解和体会生活中的碰撞和摩擦，才会懂得平和、从容的生活缘于秩序与执行。而这些，是从孩子小时候就开始的教育。

有一天放学，苏宝告诉我一件事：夏洛特被罚两个星期禁止外出玩耍，并且要负责家里垃圾的整理和倾倒，为期一个月。

为什么？那可是温柔的夏洛特，怎么会受到这样的处罚？

又过了几天我才知道细节，惩罚夏洛特的是她的爸爸，而受罚的原因在我们看来是那么微不足道。

周末的时候夏洛特家来了客人。

夏洛特父母请了朋友来家里小聚。客人带着两个小孩子，大的十岁，小的七岁。这样，夏洛特家里就有了四个小孩。这个年纪的小孩，对电脑的兴趣超过了玩具。大人们在一起聊天，四个小孩都想要玩电脑。至于在电脑上玩什么，四个孩子各执己见，都想玩自己喜欢的游戏，看自己喜欢的动画片，达不成统一的意见。这时候夏洛特的爸爸就来制定了一个规则：按照年龄，从大到小开始，每个孩子每次上机时间只有半个小时，这半个小时之内随意做自己喜欢的事情，但半个小时的时间一到，必须让给下一个人；没轮到上机的三个孩子，可以到院子里玩，各种零食饮料等就放在院子中的长条餐桌上。对这样的游戏规则，四个孩子都表示同意，于是从夏洛特首先开始。

前两轮大家都能很好地遵守时间，到了第三轮的时候，夏洛特不想玩游戏，便看起了动画片。动画片二十分钟一集。于是，问题就出来了，看一集还是看两集？

她找来那个十岁的小男孩商量，是否能多让给她十分钟，小男孩一口回绝：不可以。夏洛特看着那个小男孩，失望地说："好吧。"看过了一集，还有十分钟的时间，夏洛特毫不犹豫地点了继续。

十分钟后小男孩跑过来准备玩电脑，夏洛特说："等一下。"五分钟过去了，小男孩不耐烦了，可夏洛特正看得起劲，就是不肯离开。

小男孩见夏洛特不离开，转身跑去找夏洛特的爸爸。

"夏洛特，你马上离开。"夏洛特的爸爸出面干预了。

夏洛特不回话，依然坐在那里不动，眼睛盯着屏幕。

"夏洛特，你这样是犯规了。"

"只有十分钟。"

"十分钟也是违反了规定。你这样别人都受到影响，规则就被打乱了。"

夏洛特还是耍了赖皮，看完了这一集才离开。

"夏洛特，你必须受到惩罚。"

就这样，除了上学，夏洛特被禁止外出玩耍，为期两周；同时还要负责家里垃圾的整理和倾倒，为期一个月。

这件事让我想了很多，我自问：若是苏宝这样，我会惩罚她吗？也许我当时会批评她，但从我的内心深处，我并不会把这件事看得有多严重。

我这种想法无独有偶。我们几个中国家长聚在一起聊天，说到了这件事，我听到的说法和我的差不多。

"是啊，这外国人就是让人无法理解。这也算事儿？"

这些不算事，可这样的事却时有发生。这些外国人，经常将我们不当回事的事很当一回事，时常让我们诧异他们的脑子是怎么长的。他们总是一根筋、死板、不懂得变通。举几个例子吧。比如当你需要打印一份文件或文稿的时候，碰巧你自家的打印机坏了，或者自己没有打印机，怎么办呢？他们会老老实实拿到打印店去花钱打印，而不是拿到自己工作的地方打印，他们说工作单位的打印机是为了工作之用的，不是给自家提供方便的。再比如，曾经有位陪读来的女士，想要申请学校读书，偏偏申请学校所需要的国内本科毕业证的公证书过期了，需要办理新的公证，但是毕业证在她本人手里，国内的家人没有毕业证原件无法替她去公证处办理公证。将毕业证寄回国又担心寄丢，正在着急的时候听说她的一位外国朋友要去中国旅游，正好是她家的那个城市，她便请这位朋友帮她把毕业证带回家。没想到在她眼里的这件轻松小事却让她的朋友感到为难，她的朋友说如果是带其他东西可以帮忙，但是毕业证是非常重要的文件，路上会发生什么情况谁也无法预知，所以，他没有能力担这份风险。还有一件事，一位中国留学生在这里硕士毕业了，准备申请到另一个国家的大学读博士，需要导师的推荐信。某日他约好导师，带上一罐上好的中国茶叶去见导师。导师爽快答应为他写推荐信。"没有问题，我当然会为你写推荐信，这也是我的职责。"可是当这位中国学生提出希望导师将推荐信写得好一些，多多替他美言几句的时候，导师摇了摇头，"不不不，你不能要求我写什么，我知道该如何写。我会写我认识的你，真实的你。写推荐信是我的一份荣誉，我要尊重这份荣誉。"你看，若是换作我们，上面的这几件事结果就是不一样的。别人带了礼物来找你办事，你能不明白该怎么做吗？可是他们就是不懂，他们做事情有自己的原则，跟你送不送礼物无关。

这些生活中点点滴滴的小事，无一不与所受的教育有关，无一不与教育环境有关。现在再议论夏洛特的事，也不能一句死心眼就过去了，我们听到了不同的声音。

"你们呀！让我说你们什么好呢？"一位朋友摇摇头，一副痛心的样子，"都觉得国外的人文环境相对公平、公正、有秩序吧？这就是从小教育的结果。哪像我们，为自己的那点小聪明沾沾自喜，这里钻个空子，那里占点便宜，还一个个地比着秀那点让人脸红的小聪明！所以大环境都是被这么破坏的。这也没办法，古已有之，这些还被当成传家宝一代一代传呢！我们啊，既然出来了就好好学学吧，这才是素质教育，公民素质教育。难道素质教育就是指唱歌跳舞会几样乐器？"

承认不承认这位朋友说得对呢？我感到惭愧。我没有深层次地思考这件事，却很浅薄地当成了不可思议的怪事来加以嘲笑。苏宝有没有做过类似的事情？还是被我们平时忽略了？如果发现了我们的态度又是什么？

这位朋友的话点醒了我这个迷迷糊糊的人。就在不久前，我还一度认为外国的家长对孩子真的放手，他们自由，他们依随天性……这些不过是个误会，只是我们彼此的关注点不一样。我们更多地是盯着学习，学习好，一切都好，而他们，要求得还要更多一些。

答应过的事情就要遵守，父母也要做到这一点。父母不会头脑发热信口给孩子许诺，一旦答应过孩子的事情一定要兑现。然而孩子毕竟是孩子，并非所有的孩子自我约束力都那么强，说过的话不算数怎么办？一个字：罚！

这里的孩子课余时间比较多，和朋友、同学约好出去玩是常有的事。一般情况下，孩子出去玩之前都会征得父母的同意，会把时间、地点、和什么人一起都跟父母讲清楚，特别是回来的时间，会说好几点钟回来。可是超时未归的情况也时有发生。父母会怎样做呢？如果是我们中国父母，我想大多数情况是这样吧：父母在家等得焦急、担忧，越是迟归心里越是不安，利用各种联系方式找孩子，孩子回来了，一进家门就是一通劈头盖脸的训斥，诉说孩子不按时回家自己有多么担心，有多么坐立不安。这里的父母呢，面对孩子不按时回家也会不安、担心、恼火，可是孩子回来后他们能控制住自己的脾气，能耐心听完孩子的解释，然后也会让孩子明白，做父母的有多担心他，接下来，就要让孩子保证下次不再这样，如果下次还是不遵守说好的时间，就让孩子自己选择要受什么样的惩罚。这种惩罚一定要对孩子有所触动，不能不痛不痒。只有让孩子知道不遵守时间是要承担风险的，他们才不会再轻易触碰雷区。

有效的惩罚措施，比发脾气训斥收到的效果要更好些。

管教与自由

和学习成绩相比较起来，这个社会更看重遵守规则，信守承诺。

我不由得想起了一段往事。

我曾经和苏仲宇去他的朋友家做客，刚好那一天苏宝班上有集体活动。苏仲宇的同事得知苏宝不能参加后，略显遗憾地说少了一个小孩。细问才知，这次参加聚会的家庭带去的小孩将最少有六七个。

我一听心里就打起了退堂鼓，六七个孩子啊！得有多闹啊！而且年龄大都十岁左右。俗语说七岁八岁讨人嫌。我有心不去了，可苏仲宇说不可以，人家已经计划了你的那一份。我只好硬着头皮去。

那天一早，我们先把苏宝送到学校安顿好，临近中午的时候出发去他的朋友家。本以为一顿午饭后就可以回来，哪知西式聚会，菜一道一道上，吃过后收拾完餐桌，又换上了甜点。吃吃聊聊，拖拖拉拉的就到了晚上，顺便也将晚餐吃了才回家。

苏宝在学校里露营不回家，我们夫妇俩在街上慢悠悠地溜达。

按照以往的经验，去别人家里做客并不是一件轻松的事。可是今天我并没有觉得累，因为没有感到约束。虽然苏宝没来，但这一天也有十个孩子在场，这十个孩子给我的印象尤为深刻，一路上我都在回味，也和苏仲宇聊着。给我的深刻印象有两点，其中一点是惊讶于孩子们在一起时的安静，另一点是吃饭时的情形。

这十个孩子来自不同的家庭，最大的十一岁，是个男孩，最小的两岁，也是个男孩。

两岁的孩子自然跟着母亲，所以一天里大都是那九个孩子一起玩。我说的安静，并非指他们不声不响，而是这一天里，我没有听到一个孩子大喊大叫，没有听到吵闹、争执，不论是玩电脑，还是在花园里玩，都井然有序，父母根本不用照管他们。偶尔有哪个孩子路过大人的身边，还会礼貌地问声好。

我因为之前惧怕孩子多了会吵闹，所以就特别留意他们的举动。

在这将近一天的时间里，他们也玩了不少游戏。我发现每玩一个游戏前，几个孩子都仔细商量一番规则，每个人都有发言权，各抒己见，最后采取少数服从多数的原则，确定下规则。而那个十一岁的最大的男孩子，顺理成章地被看作召集人和仲裁人。所以不管玩什么，都是有秩序的，没有纠纷，每个人都玩得很开心。这在九个五岁到十一岁的孩子之间真的很不容易。要知道这几个孩子来自不同的家庭，平时也不经常在一起玩，有的还是初次见面，能够如此和谐地玩在一起，不得不令我刮目相看。

另外一个深深触动我的，就是孩子们吃饭时的情形。

我们中国人的一贯做法，是孩子优先。尤其是在吃饭的时候，先照顾的是孩子。孩子喜欢吃什么就点什么，孩子喜欢吃什么就做什么，而这十个孩子，却被单独安排在一个小一点的餐桌吃饭，包括那个才两岁的孩子，也坐在婴儿椅里和大哥哥、大姐姐们同桌。更让我惊诧不已的是，吃饭的时候竟然没有一个大人去喂这个小孩子，他的父母在这边大餐桌上，根本不管孩子，不光是他们，其他的父母也没有想到要去孩子们的餐桌旁看看。除了一道一道上食物，其他时间仿佛孩子们都不存在。而那十个孩子呢，都在自己好好吃饭，也在说话，但声音都很低。我留意了孩子们好一会儿，还是忍不住对女主人说："是不是该去看看孩子们？问一下他们喜欢吃什么，或者还需要什么？""不用的，他们会自己照顾好自己的。"

　　"可是还有一个那么小的孩子呢……"

　　我话音未落，那个两岁孩子的母亲就说："没关系，他自己会吃饭的。"

　　好吧，我也不能再说什么了。但是我的目光，情不自禁地往另外那一张餐桌的方向飘……

　　渐渐地，我发现有几个孩子已经吃完了，可是依旧坐在那里。我心里纳闷儿：吃完了还规规矩矩坐在那里干吗呢？

　　又过了一会儿，就出现了让我十分感叹的一幕：除了那个两岁的小孩儿，另外九个都吃完了的时候，那个最大的男孩子站了起来，招呼了一声男主人，问道："我们都吃完了，可以离开餐桌了吗？"——原来他们是等着大家都吃好。

　　男主人高兴地一拍手："可以了孩子们！十分钟后回来吃甜点。"

　　那天回家的路上，我不停为此感慨，孩子们怎么那么守规矩有秩序呢？

当时我百思不得其解，现在夏洛特受罚的事情发生了，再联系到这件事，我恍然大悟：规则，早已深入到孩子们的幼小心灵中，指导着他们的行为。

"不以规矩，不成方圆"，这句我们中国古老的话语在这块土地上倒是被发扬光大了。规矩的确立与严格遵守，是为了确保某种社会秩序，而对于个人行为，并没有太多限制。最初几次我走进校园看到的情景让我暗自吃惊：孩子们的衣服各式各样不说，女孩子的发型也是各式各样。去学校的次数多了，更是发现，差不多女孩子都戴一两样饰物——耳环、手链、项链等，有的孩子还涂着指甲油。不光我对此感到吃惊，苏宝也觉得不习惯。苏宝曾经告诉过我，他们班里的女生中，只有她一个人没有耳孔。据说女孩子穿耳孔戴耳饰会有好运气、好福气，不单单是为了漂亮。我愿意带苏宝去穿耳孔，可是苏宝不肯。她说自己并不喜欢佩戴饰物，只是有些好奇而已。在国内上学的时候，老师还要经常检查同学们的指甲呢，指甲长一点儿的必须去剪短，至于涂指甲油，更是想都不要想！有的女生爱美，戴新颖一点儿的发夹都是不允许的。可是在这里，孩子们对自己的日常穿着打扮，随意而为。

我们在各方面也有许多规矩，但却与他们的不同。

苏宝学校经常会有参观活动，去警察局参观，去市政厅参观，去博物馆参观等等。我外出时也多次在街上碰到过他们。见到我，苏宝会叫我一声，其他同学知道了我是苏宝的妈妈，都纷纷向我挥手……

尽管我见到他们多次，可是不管哪一次的集体活动，我都没见过他们把队伍排整齐过！一个班，二十几个学生，队首一位老师，队尾一位老师，走在中间的孩子们，跑跑跳跳，队伍松松垮垮。

我们强调整齐划一，他们尊重自然天性。

对于孩子们的大脑、孩子们的思想和创造力，更是任其发挥。比如在解答数学题时，对解题的格式、步骤并不做过多的约束，孩子们有自己的思考，自己的解题方式。我们有标准答案。既是标准答案，那就是衡量对错的唯一标准，而他们认为通往罗马的路不止一条，发挥出每一个孩子的想象力、创造力才是最重要的。

季度娃娃

孩子们遵守规矩、信守承诺贯穿于生活中的点滴小事。有一天在学校门口碰到了金，金的女儿和苏宝是要好的同学。金刚好也在送上二年级的小女儿，这个孩子走在妈妈身边一脸不高兴。"怎么了？今天不开心吗？"我拉了拉小女孩的手。

金朝我笑笑。等孩子走进了校门，金才对我说："明天她又要和她的季度娃娃告别了，心里不愉快呢。"

什么是"季度娃娃"？

金告诉我，季度娃娃是孩子的爷爷奶奶上个圣尼古拉斯节送给她的礼物。

圣尼古拉斯节是孩子们的节日，孩子们每年都过这个节，而不是六一儿童节。

圣尼古拉斯节是每年的12月6日。这一天孩子们会在老师的带领下，装备好早已提前准备的花灯、服装、面具等各种道具，去街上游行以庆祝这个节日。孩子们在这一天会收到糖果、饼干及各类小礼物。也正是从这一天起，人们正式进入圣诞月。

金的女儿在圣尼古拉斯节时得到这份礼物后，就爱不释手，撇开了其他玩具专心宠爱这一个。每天除了在学校的时间，吃饭、睡觉、看书，或是玩耍的时候，都是娃娃不离手，很让家人们不理解。这是个身穿艳丽和服、绾着高高发髻的日本娃娃，不会发出声音也不会动，实在是一个普通极了的娃娃。可就是这样一个普通的娃娃，不仅金的小女儿无比喜欢，她的表妹也十分喜欢。表妹只比金的小女儿小两个月，两个人的感情很好。

"等攒够了零用钱，我要买一个和这个一样的娃娃送给你做生日礼物，这样我们就有一对双胞胎娃娃了。"小女儿在表妹生日前告诉了她自己的打算。

表妹非常高兴，一再强调要一模一样的娃娃，头发、衣服都要和这个一样。此后，金就开始带着小女儿四处寻找这个同样的娃娃，她们走遍了城里大大小小的玩具店，却一无所获。

随着表妹生日的临近，小女儿非常着急，金也很着急。为了帮助女儿兑现承诺，她联系了生产厂家，却被告知这款娃娃已经不生产了。

小女儿伤心了一个晚上，第二天告诉妈妈她准备忍痛割爱，把自己的娃娃送给表妹。

"我答应了表妹，如果不能收到这样的礼物，她会很伤心的。"小女儿说。

表妹生日那天，这个娃娃被包装得漂漂亮亮的送到了表妹面前。当大人们得知事情的经过后，父母和孩子们商量了一番，这样处理了这件事：两个人都拥有这个娃娃，时间是每人一个季度。两个小姑娘都很高兴，此事圆满解决。

虽然小女儿并没有完全失去自己心爱的娃娃，可是每次分别的时候，还是会伤心。

"很有意思吧？小孩的心思也很难猜透，为什么喜欢一个娃娃到如此地步？但是既然答应过别人，不舍得也要这么做。"

我也不守信用

关于信守承诺，我还有一段难忘的经历，作为一个成年人，很惭愧，我是在这件事情之后才认真思索承诺的意义的。

我一直鼓励苏宝与同学、朋友多多交往，苏宝常去同学、朋友家玩，她也常请同学、朋友来家里玩。

一个星期天的下午，苏宝的同学埃莉诺来家里玩。于是这件事就这么发生了。

一般苏宝的同学、朋友来家里，活动的地点就是客厅和厨房。小孩子们之所以在厨房，是因为她们偶尔有兴趣给自己烤些饼干或蛋糕吃。尽管我事先都会准备几种零食，但孩子们爱动手，她们用厨房时，我都会很留意，毕竟是有火有电的地方。

这一次苏宝告诉我她和埃莉诺决定就在客厅里看看书，看看电视，做些小游戏，我便把她们留在了客厅。没想到当我下楼的时候，埃莉诺已经受伤了。

我很是不解，怎么在客厅里会受伤呢，而且伤的地方是嘴唇？

"这是怎么回事？"我一边叫埃莉诺给我看看伤处，一边问苏宝。

原来小姑娘趴在窗户上向外看时，不小心下巴竟然磕到了窗棂上，牙齿把嘴唇硌破了……

苏宝说流了好多血。

我要带埃莉诺去医院，让她先给我看看她的伤。小姑娘倒是不以为意，漱漱口，说没事了。看我紧张，告诉我没问题了，然后她又张开嘴给我看看，我看到一块破的、殷红的血肉。

我觉得还是让医生看看比较好，埃莉诺坚持不肯，信誓旦旦说没有问题。我提醒她嘴唇破了吃东西的时候会很疼，她还是不介意，并对我说："不要告诉我妈妈。"

我答应了。

当傍晚埃莉诺的妈妈来接她时，我还是告诉了她妈妈，我说埃莉诺在我家时受了伤。我这样做的理由很充分，这件事发生在我家里，我必须得让她妈妈知道。

我话音一落，埃莉诺看我的眼神就变了。我见到她失望的神情一闪，而后眼睛里充满气愤。

她妈妈说埃莉诺做事经常会不小心伤到她自己，她很毛手毛脚的，也不奇怪。

她们母女离开后，我一想到埃莉诺的眼神就感到不安，隐约预感会有什么事情要发生。

果然，第二天苏宝放学回来就埋怨我："埃莉诺不理我了，她说你不守信用，你答应了不告诉她妈妈的，却说话不算数。"

"可是她在我们家受的伤，我们有义务告诉她妈妈啊。"

苏宝也生我的气了，一晚上不理我。

我真感到冤枉！我哪里做错了？怎么都怪罪起我来了？

埃莉诺的眼神，苏宝的埋怨，这事让我郁闷了好几天。

星期四下午菲比来访，我跟她提起了这件事。

"你告诉我，我错了吗？"我问她。

"你当然错了！"菲比毫不客气地说。

面对我的不解，菲比道出了原委，听后我很长时间无语。我是错了。我决定第二天放学去学校，碰到埃莉诺向她道歉，希望得到她的原谅。

当然我如愿见到了埃莉诺的笑脸，也见到了她和苏宝又恢复了之前的友好。

可是这件事，在我心里却久久地挥之不去。我想了很多，关于承诺，关于尊重，关于执行力。

几十年的人生中，我真不记得有过对这一类问题的思考。也做过不少的承诺，但执行起来呢？看来我虽是个成年人，但在这方面也有着不小的欠缺。

埃莉诺在我家里受伤，我告诉她妈妈是对的，问题就在于我答应了埃莉诺却没能遵守承诺。

菲比认为，我应该当时就跟埃莉诺解释这件事告诉她妈妈的必要性。

说实话，当埃莉诺提出那个要求时，我根本想都没想就答应了。

这不是我们的习惯吗？对于孩子提出的某些要求，我们答应或拒绝都太快了，而有些时候，虽然答应了，也根本没有打算去履行。也就是说，对于我们答应了孩子的事情，并没有很好的执行力。久而久之，孩子们会怎么想呢？当他们对说话不算数习以为常，感到麻木的时候，我们再拼命地呼吁"诚信"又能有什么效果呢？因为我们都没有做到。

此后对苏宝，我特别注意这一点，不匆忙答应孩子的任何一个要求，而答应了，就一定要做到。

如何与这个世界相处

教育没有小事。

可孩子们就是在这样一件一件的小事中成长起来了，看似宽松、放手的教育环境，而实际上，整个社会对孩子的教育是煞费苦心、不遗余力的。

我曾经看过苏宝有这样一项作业：

你希望朋友是什么样的？

这是一道选择题，题目下面列出了以下内容：

1.乐于助人

2.我难过时听我诉说

3.慷慨

4.赞扬我

5.不在背后讲别人坏话

6.善于倾听

7.可靠

8.花时间和我在一起

9.有趣

10.容易原谅别人

11.喜欢我——只是因为我

12.困难时支持我

13.保持微笑

14.长得好看

15.富有

16.和我做同样的事

17.从来不逗我玩

18.永远有好心情

19.从来不对我说谎

20.逗我开心

21.穿戴干净整齐

22.随和

23.愿意分享

24.不爱发牢骚

25.容易沟通。

孩子们要在给出的这些内容中选出自己认为非常重要的、比较重要的和不重要的。

这份作业，乍看没什么特别，可是细细想来，不得不让人深思，你希望自己的朋友是什么样的，你该是什么样的人？这样的题目，目的在于培养学生的品质，培养学生适应社会的能力。

对西方教育品味越深，感受就越深。

好的人文环境，让人产生幸福感。幸福感并不只传递给某些特定的人，而是社会普通大众。每个人都应有幸福感，比如在我们眼里最基层的社会群体——清洁工吧。有时候你也会被他们的快乐感染。居民日常生活产生的垃圾要经过严格的分类：厨房类垃圾、花园类垃圾、塑料类垃圾、纸张类垃圾、玻璃类垃圾等等，每一类垃圾都有固定的收取时间，居民要在前一天晚上将第二天要收的某类垃圾放在自家门口，于是第二天清晨，小街的宁静被垃圾车行驶的声音率先打破。垃圾车行驶缓慢，沿街经过每一家的门口，基本上并不停车。当垃圾车驶到每一家门口时，便会有一名年轻的清洁工跳下车，将这一家早已放在门口的垃圾袋扔上车，随后自己再轻轻一跳，站在车厢后的踏板上。动作娴熟敏捷，精神饱满，见到人总是一副乐呵呵的样子。他们没有因为自己是名清洁工便看轻了自己，别人也并没有因此而看低了他们。

我还听苏仲宇说起他们实验室里的清洁工，一位微胖的中年女人，做卫生的时候，穿着工作的服装，下班后便换上自己的漂亮衣服，开开心心地开车回家，看上去总是那么充满活力，她开朗爽直的性格让每个人都感觉很舒服。整栋楼里的工作人员没人当她是清洁工，大家和她聊天，和她一起享受每天上午十点钟开始的咖啡时间，生日的时候她同样会收到鲜花和贺卡。人们只是觉得做研究工作与做清洁工作，只是分工的不同，并没有高下之分。

清洁工、建筑工、装修工等等这些所谓的蓝领工人，对于他们的职业，在他们的眼里和别人的眼里，那就是一份工作而已，和做教师、做职员一样，该工作的时候工作，该度假的时候也会和家人一起，将时间消磨在海边、在林间、在非洲、在北欧。每一个人都可以不卑不亢地生活、工作、休闲……正是上述看似普通实则颇用心的题目，培养了孩子的品质，培养了孩子适应社会的能力。你怎样要求别人，同样你也应该怎样对待别人，长大后才有这份属于自己的、从容的生活。

第 9 章

免费教育，
人人做贡献

学校的节日，集资的方式

每当提到在欧洲上学，大多数人第一个想到的便是，免费教育。

苏宝来到这里上学，没有学费，没有课本费，学校每月寄给我们的账单，是苏宝在学校的午餐费。有的孩子从家里带饭，那么这笔费用也免了。至于文具的费用，每学期开学前，政府会给几十欧元的补贴。对于家长来说，在这里上学经济上没有什么压力，而学校要办下去，依靠的是政府、教会，学校自身也可以筹款、接受捐款。学校的筹款方式比较特别——每年学校都要举办一次活动，命名为：学校的节日。

对圣彼得学校来说，这个重要的节日安排在刚刚送走料峭春寒、迎来柔美夏季风光的五月里。也就是说苏宝才上学一个多月的时候，学校就要举办这次活动了。对我们来说，这又是一个全新的事物，当苏宝把学校的通知拿给我们的时候，我们三个都对这一份通知感到无所适从，同时又充满了好奇。

通知上写着学校的节日定于本星期六即5月28日举办，届时会有孩子们表演的节目，希望家长们踊跃参加，也可以带上具有本国或本民族特色的食品、物品等到学校出售，由学校统一定价，收入归学校。学校也接受捐款。如果有食品出售的家长，请提前和学校联系，学校预留场地，另外为尊重各民族的饮食习惯与禁忌，凡出售的食品均须标明食材用料。

通知上也明确写着：活动是自愿参加；是否出售本民族特色食品也随意。

我们都决定去参加，看看学校的节日到底是什么样子。过了两天偶然听朋友提起，学校举办这样的活动是学校集资的一种方式，出售的食品、物品由学校定价，收入归学校，所以学校自然希望参加出售食品、物品的家庭越多越好。

听朋友们这么说我又有了新想法。我觉得自己的孩子在这里享受着免费的教育，我们为学校做些力所能及的事情也是应该的。我计划准备些食品拿到学校去出售。至于什么食品，我们来的时间不长，还不太了解当地人喜欢吃什么。苏仲宇建议我去几个亚洲食品店了解情况，什么食品好卖，当地人喜欢什么也便明白了。毕竟亚洲人在这里生活的是极少数，当地人才是消费的主体。

城里有一家中国食品店、两家泰国店，还有一家越南店。出售的一般都是亚洲食品、食材。每家店都有一个响亮的店名，只不过因为店老板来自中国香港、泰国和越南，人们也就化繁为简，笼统地称之为"中国店""泰国店"和"越南店"。

平时我也常到这几家店里买些自己所需要的调料、点心、零食，比如老干妈辣椒酱、茯苓夹饼、沙琪玛等。有时候家里并不缺少什么我也会去店里转转，看着那些熟悉的瓶瓶罐罐，熟悉的色彩斑斓的包装，回味着熟悉的味道，聊慰乡愁。

现在带着问题再来光顾这些亚洲食品店，我很快发现，春卷是一种非常受外国人喜欢的食物之一，我决定做春卷。

第二天我去了学校，去问问还有没有卖食品的位置可以留给我，在得到了肯定的答复后，我就直奔这几家亚洲食品店。时间紧，我就准备省事一点，买现成的春卷回来炸；同时为了顾及不同人的饮食习惯，我决定买素春卷。先去了泰国店，别说素春卷，就是肉馅的春卷也没有了。再去其他的店转了转，真奇怪了，哪家店都没有现成的。越南店的老板娘告诉我："我们店里有春卷皮。"

学校的活动定在早上八点半开始。

我那天起了个大早，有什么办法，谁让我买的是春卷皮呢！光有了包春卷用的米皮是不行的，馅料还是要自己做。

我起床后不久，苏宝也起床了。

"起来帮忙啊？哎哟，真乖。"这时候我已经焯好了豆芽菜和胡萝卜丝。

"什么时候开始包呢？"苏宝凑到了我的身边。

"等这几样菜凉一凉。"

"这个学校的节日会是什么样子？"

"我也不知道，没参加过啊。等到学校就知道了，是不是很期待？"

"主要是好奇。"苏宝丢下一句就回自己的房间了。

"哎，不来帮忙啊？"

走在楼梯上的苏宝回头说："我不会包，包得不好看拿到学校去不是丢人嘛。"

"小滑头！"

我不敢再耽误，拌好了馅，一口气包了八十个春卷。春卷包得小巧、松紧适中。看着还是挺漂亮的！

这一关算是顺利通过，接下来炸春卷也不能掉以轻心。这两个环节苏仲宇都帮不上忙，我也不愿他插手。像苏宝说的那样，这是要拿到学校去的，我担心他越帮越忙，他说只能精神上支持我，在旁边做我的心理医生开导我，我有点心理负担。虽然事先做了调查，我还是担心春卷的命运——没人买怎么办？

"卖不完我们要拿回来吗？也够丢人的。"

"不会那么惨的，一共才八十个小春卷，每人尝一个很快就没了。"

油锅热了，开始炸春卷。控制火候是关键，苏仲宇给我打下手。我根据锅里春卷颜色的变化调节着炉火的强度，做得提心吊胆。最终一切还算完满，我长长舒了一口气。余下的活儿交给苏仲宇，按照学校事先的吩咐，将炸好的春卷用一次性餐盘装好，每三个一盘，并用保鲜膜封好。

其间的一个小插曲是，苏仲宇分装春卷的时候喊苏宝下楼，让苏宝算一下，八十个春卷，每三个一盘，可以装多少盘？苏宝不屑计算，觉得爸爸是在考幼儿园的孩子。

"哟，还挺牛啊！不算拉倒，剩下的我就吃了，尝都不给你尝，你想吃到时候花钱买去吧！"

"买就买，我才不怕，反正不是花我的钱。"

我放声大笑："苏仲宇啊，你算了吧，赶紧装你的春卷吧。"

看着苏宝这么开心，我的辛苦也值了，我以为这一天苏宝一定会玩得很高兴，可是事实并非如此。

带着这二十六盘春卷去学校，一路上我又开始患得患失，倘若摆出去无人问津，我干脆分给别人吃好了。一时间我对春卷的信心消失殆尽。果然不是干大事的人！

再看苏宝，这时候也没精打采的，完全不像是去参加活动的样子。怎么回事？

"苏宝，你也担心我们的春卷没人吃吗？"我问。

苏宝吃惊地看着我，一看她的表情我就知道她根本没想过这个问题，那她为什么忧心忡忡呢？

"高兴点啊，今天由我负责卖春卷，爸爸带着你玩。"

苏宝还是不吭声。

刚刚走进校门就感受到了校园火热的节日气氛，人声、乐声迎面而来。

表演用的舞台已经搭起来了。

一顶顶白色的帐篷也支起来了。

孩子们跑来跑去，家长委员会的成员和老师一起忙忙碌碌，在人群中往来穿梭，安排着活动事宜。一切都准备好了，就等着那个欢乐的时刻了。

走进了校园里，我们正疑惑不知道该去哪里找分配给我们的位置时，迎面走来了校长。

"安德烈好！"苏宝先打了招呼，声音不大，我却听得一清二楚：安德烈？！我吃惊地看了苏宝一眼。

"Super好！"校长跟苏宝握握手，随后就注意到了我和苏仲宇手中的春卷。"真漂亮，一定会很好吃，一会儿我要买。"校长挑起了拇指称赞道，"来，现在请跟我来，这里有你们的位置。"

我们跟着校长来到一顶白色帐篷前，帐篷里摆了两张长约一米的桌子，桌子后面随意放着几把椅子。

一张桌子处已经有一家人在布置，另一张空着的桌子是留给我们的。

既有同帐之缘，我们两家人争相问候对方，做了自我介绍。

对方是一家意大利人，带来的食物自然是比萨。

我铺好桌布，和苏仲宇一起把春卷摆好，同时把一个写着详细用料的小牌子摆在了旁边。

"一会儿会有老师把定价牌交给你们。"校长临走时说。

校长一走，我就对苏宝说："你就喊校长安德烈？怎么连个先生也不叫？"

"都这样叫的，校长说就喊他安德烈就可以了。"

"没大没小的。"

苏宝此时更是没精打采的，全没有在家里时的活跃，跟我说了这几句话后，便默默地坐到了后面。我这时候也顾不上她，和苏仲宇一起布置桌子，我们还要回答隔壁那家意大利人的各种问题。这一家人非常爱说话，关于中国的事情，他们知之甚少，却又充满好奇。

没过几分钟，有一位老师拿着价格牌过来。

我们家的春卷两欧元一盘，意大利人家的比萨一欧元一块。

摆好价格牌，老师又讲了活动规则。不用现金交易，大家要到专门的地方买代金券。学校给每个提供食品或其他物品的家庭送20欧元的代金券。说着把20张代金券递给了苏宝。

"小宝，去到四处看看吧，想吃什么想要什么就买，代金券花光了再去老师那里买。"我吩咐着苏宝，又问苏仲宇，"定价是不是有点贵啊？就这么三个小春卷卖两欧元？没人吃怎么办？"

"这你操什么心啊？！学校这么定的就这么卖吧。"

正说着，校长真的过来买春卷了。

他递给我两张代金券，打开一盒春卷迫不及待地咬了一口，吃完大赞春卷的美味，然后发现坐在一旁沉默着的苏宝。"Hi，Super，为什么这么沉默？"

苏宝不好意思地笑笑。

"去看看运动场那边有很多同学在做游戏，可以抽奖的。"校长说。

苏宝还是坐着没动。

苏仲宇站起身说："走吧小宝，爸爸带你去玩吧。"

苏宝这才站了起来，跟着爸爸走了。

我望着父女俩的背影，禁不住叹气：这孩子胆子太小了，还是没有适应这个环境，如何是好呢？一时间对着一盘盘的春卷发起了愁。

大约一个小时，苏仲宇一个人回来了。

"小宝呢？"

"那边碰上了夏洛特和几个同学，和她们一起玩呢。"

"能行吗？"

"有什么不行的？放心。我又买了40欧元的代金券，给了她20，我们自己还剩20。怎么样啊，咱的春卷销量？哟，就剩10盘了？！不错啊！"

"是啊，还可以，我还担心摆在这里无人问津呢。刚才隔壁他们家也买了两盘。"

隔壁的那家意大利人做了两种比萨，一种培根的，一种海鲜的，苏仲宇过去各买了一盘。

"等春卷都卖完了我们到那边喝杯咖啡，我刚才转了转，什么都有啊，真不错。赶上一个小型集市了。"

"是吗？你看着，我也转转去。"

我还没说完，一阵节奏感十足的音乐响起了——演出开始了。

我们的位置不好，看不到舞台。我面向左侧极力踮起脚，无奈眼前全是别人的后背和脑袋，看不到舞台上的表演。

"你过去看吧，我看着摊子。"

"看摊子？"苏仲宇的话让我大笑，"你还别说，看这势头我要是去摆摊卖春卷准能赚不少钱。"

"行了行了，听风就是雨。你以为在中国啊，随便路边支个摊子就做生意？去吧去吧，看演出去吧。"

老师和孩子们表演的节目，虽不太专业，却趣味十足，看得人特别开心。出乎意料的是那些黑人小孩，他们的节奏感实在令人叹服。

我决定回帐篷换苏仲宇也过来感受一下，中途却遇到了他。原来我们的春卷都已售完。

成绩真是不错，我的心情也好，挽着苏仲宇的胳膊去喝咖啡。

没有了对春卷销售的牵挂，我们坐下来好好感受了一下这个学校的节日。此时的圣彼得学校热闹非常。第一次在这个城市里见到如此人头攒动、摩肩接踵的场景。由此看来，天下父母同心，大家都对孩子的事情非常关心，也非常愿意为学校教育做出自己的贡献。在活动中，家长们热衷光顾的是各国各地的美食摊位，光顾咖啡角、冰淇淋店。而孩子们，把时间和代金券都花在了各种游戏活动上。每一项游戏都有一张游戏卡，参加游戏的孩子人手一张，游戏结束按照个人的游戏成绩获取印章，集够一定数量的印章便可兑换奖品。

看着眼前奔跑穿梭的女孩子男孩子们，每一个都快快乐乐的。我想起了苏宝，苏宝若是也能这样开心该多好啊！

我们一杯咖啡还没喝完，就看到苏宝站在不远处东张西望。在找我们？我赶忙跑了过去，看着苏宝心沉了下来。

苏宝一点儿也不开心，手里还拿着20张代金券。

"小宝，这些怎么都没花出去？没有自己喜欢的吗？"

苏宝默不作声，跟着我走到爸爸跟前，我想买饮料给她，她却说想回家："能提前回去吗？"

"要回去？怎么不高兴了？你看同学们都玩得很开心呢。"

苏仲宇找到一位家长委员会的人询问了一下，我们就带着苏宝回家了。

苏宝不开心，我们也觉得泄气。"才来一个月，哪方面都不熟悉呢，慢慢来吧。"苏仲宇说。

　　这是我们家第一次参加学校这样的活动，结局并不完美。我也能理解，不管怎么说，语言是关键啊，否则没法交流，苏宝怎么能玩得痛快呢？等到明年这个时候情况肯定就不一样了。这是我当时的自我心理安慰。果然到了第二年的学校的节日，情况与第一次有了天壤之别，不过结果却是一样，我们还是提前回家了。

快乐的节日，快乐的苏宝

第二年活动的形式大体与上一年相同，我们准备起来也十分从容。而苏宝呢，成了我们的有力帮手，不管是在家里还是在学校，在这件事上大有取我们而代之的趋势。这一次我们不仅提供春卷，还新添了肉馅饺子。苏宝希望多卖几样食品为学校多集资，我们全力支持配合。但是考虑到不同国家的人吃饭时的习惯，我们还是觉得春卷、饺子比较便利，虽然只有两样，但是数量比去年多。到学校后，苏宝帮我们布置展位，我催着她赶紧去玩，因为她的小伙伴们已经在旁边等不及了。

苏宝跟着同学跑走了，我和苏仲宇这一次也不再担心她。我们卖着自家的春卷、饺子，也不时去别人家那里买些吃的过来，大有天下美食都尝尝的意思。说苏宝在这一次的活动中玩得不亦乐乎，我们自己其实也轻松坦然了许多，毕竟不同去年，现在也算入乡知俗了。今年我们的春卷和饺子格外受欢迎，一些熟识的家长朋友都来买，还有朋友带来的朋友，总之，靠大家捧场很快就卖光了。安德烈校长又过来给每个摊位发了二十欧元的代金券，感谢大家为学校做的贡献。

苏宝时不时就跑回来将做游戏拿到的奖品和抽奖得到的奖品放到我们这里。

苏宝玩得开心，代金券就买得多。有的时候，人是越花钱越高兴，比如此时的苏仲宇。

看着苏宝一趟一趟跑来跑去的身影，我觉得她要玩疯了，我说："这孩子，从一个小可怜虫快变成疯丫头了！"

后来不得不回家了，是因为苏仲宇告诉苏宝，不要再兑换奖品了，已经拿不了了。苏宝意犹未尽啊。她把手上余下的印章送给了同学，我们一起回家了。

"我要学着做咖啡了，这么高级的咖啡机一定得派上用场。"苏宝说。

清点各种战利品的时候，苏宝滔滔不绝地讲着每一件的来历，手工香皂和浴盐是她自己做的，她当然要买回来，还计划着明年要怎样怎样。

孩子们平时的手工作品也会拿到活动中义卖。

我们家的忙碌与开心，是参加活动的家庭的一个缩影。每一个有孩子在学校上学的家庭，在这一天都会来到学校。不仅孩子的父母，有的祖父母那一辈也来，甚至还有带上邻居一起的。或者参加学校的义卖，或者过来就是纯消费，殊途同归，大家都在为学校、为孩子们做些事情。

我对苏宝的手工香皂十分感兴趣。摸上去光滑细腻，形状是一朵花，淡淡的香味，真舍不得用呢。

每次活动结束，学校都会公布本次活动的收支情况，包括义卖集资收入多少，个人捐款多少，以及捐款人的姓名和捐款金额，以接受家长和社会的监督。

第 10 章

关于送礼物的问题

你为什么要送礼物

你有没有为给老师送礼物纠结过？要不要送？送什么？怎么送？

我是有过的。这种纠结从苏宝上幼儿园就开始了。不过起初，我也是主张不送礼的。

刚怀孕那会儿，就和邻居聊到过这个问题。虽然孩子还没出生，但是孩子的教育问题已经提上议事日程。邻居的表姐是一名幼儿园的老师，她从表姐那里取回的经，告诉我没必要送礼物给老师，班上几十个孩子呢，怎么可能让你的孩子有什么特殊待遇？你送了礼，无非就是接送孩子的时候，多跟你说几句话而已，你一离开，孩子们都一样。

这话我听了进去，而且照做了。苏宝上幼儿园的第一年，我没有给老师送过礼。每天接她的时候，我都会向老师询问孩子一天在幼儿园的表现，老师总是说"挺好的"，久了，我听出了敷衍。而老师对有的孩子家长，比对我热情多了，甚至有时候来接孩子的家长走得寥寥无几了，老师还和某位家长站在幼儿园门口亲热地说着什么。

我敏感地觉出，虽然老师口中说我的孩子挺好，可事实，并不好。

第二年苏宝班上换老师，我想正是好机会，从头开始。之后，果然效果就不一样了，和老师交流时感觉舒服多了。不过我心里也清楚，并不能因此就认为老师有多喜欢你家的孩子。我发现苏宝才上一年幼儿园，我对师生关系的看法就理智了许多。

我认可了给老师送礼，可每到送礼的时节，还是要纠结的。送什么？多高价位？同时还要揣摩别的家长送什么，不能差距太大，否则送了也白送。

苏仲宇并不认同我这样的做法，他多次反对，可是在这件事上，我决不会听他的，他太理想主义，而现实，每天都在我眼前上演，每天都在教育着我。

苏宝上了一年级，学校在教师节前夕发了家长信，号召家长不要给老师送礼物，不能助长不正之风。

那么，难道我们真的就不送了吗？

有了这一纸通知，反倒让人更难办。送也不安心，不送也不安心。当一个人为某一件事殚精竭虑的时候，聪明才智会被最大限度地发挥出来。一位家长的话启发了我：送，还是要送，只是送的方式应该有所改变。不能将老师叫出来在校门口送，有学生，有家长，还有门卫的眼睛盯着呢；更不能送到办公室。怎么办呢？快递呀！我茅塞顿开。直到我们出国后，苏宝在学校里过了第一个圣诞节，我才弄明白，我这么纠结的症结在哪里？

那时菲比问了我一个简单的问题：你送礼物的目的是什么？

菲比之所以问我这个问题，还是要从准备过圣诞节开始说起。

"我们即将迎来人生中第一个真正的圣诞节。"有一天晚饭后，我们三个闲坐时我不知怎么就说了这么一句话，说完自己都一惊——有这么严肃？

苏宝很有热情，我们一块畅想着，猜测着，真正的圣诞节该是什么样子的？既然已经来到了这个西方社会，我们也准备像西方人一样，过个原汁原味的圣诞节。

事实上，一进入十一月份，圣诞节的气氛便在城市的每个角落里流露出来，由淡到浓。人人都在计划买礼物、装饰圣诞树。那段日子我常上街，我喜欢这样的季节和街上的氛围。这样的冬季，气温并不十分低，空气中的清冷，和人体的适应度刚刚好，街道、广场、建筑物相继被装饰起来，大广场中的那棵巨大的圣诞树，流光溢彩，夜晚时分观赏格外美丽。不同风格的商场里熙熙攘攘，都是选礼物的人，这些被选中的商品随着店员们双手麻利的动作，变魔术一般眨眼间都穿上了精致华美的新衣。不打算上街的时候，就坐在自家温暖的壁炉前，望着外面随风飘舞的落叶或脚步匆匆赶路的人，心里是那么幸福。即将到来的节日，带给人许多期盼。

那段日子，我的心情竟像小时候盼着过年一样，对这个西方人非常重视的节日充满了期待。

当然家里也要有一些圣诞节气氛，我们三个积极动手，按照苏宝的设计把家里装饰了一番，还为她买了一棵一米左右的小圣诞树，苏仲宇答应女儿，明年再买一棵大的。

我们一心要将苏宝这第一个圣诞节过得令人难忘，结果，的确令人难忘，却是个"悲剧"。

我承认这一切是我的自以为是造成的。

说到这里不得不提一提菲比了。我找菲比咨询圣诞节给老师送礼物的事，她问了我上述那句话。

　　她这一问我还真一时不知如何回答。我为什么送礼物？我慢慢梳理着自己的思绪。而菲比，不愧是个中国通，她说："大多数情况下，除去亲属之间，你们中国人送礼物是希望从收礼物者那里得到自己想要得到的，或者其他的好处，是吧？如果你送老师礼物是希望老师对你女儿有什么特别的好处，那送与不送的结果是一样的。如果只是单纯地表示节日的祝贺，那就不用想得这么复杂，一张贺卡老师们就会很高兴的。"

　　"我的意思是，我女儿来了这几个月，老师给了她不少的帮助，我是想表达我们的谢意，同时祝贺她们圣诞节快乐。"

　　"如果这样，我说过了，一张贺卡就可以了。礼物太重，让别人有压力，更有甚者，人家或许会认为你有行贿之嫌呢。"

　　她见我露出惊异的表情，又说："你送我的礼物就很好，一本《诗经》，你知道我喜欢中国文化，而《诗经》是中国最早的诗集，我会从中学到很多，我一直很感激你送我这样的礼物。所以你很会送礼物。放松，不要想太多，按照你自己的想法去做就好了。"

　　既然这件事可以这么简单地解决，那我也不要想太多了，我们三个商量了一下，定下了要送给薇拉和克里斯蒂两位老师的礼物。

　　每位老师一张贺卡，让苏宝写上祝福的话，另外再买两盆圣诞红，火红漂亮也应景。

　　很多事情，关心则乱。如果我们不是这样爱自己的孩子，事情就不会这样纠结。既然割舍不了对孩子的爱，纠结也是可以理解的，而这样的纠结必能在一个简单有序的环境里消失。送礼这件事，经历了由简单到复杂，再由复杂到简单的过程，最后圆满解决，多亏了菲比。

说起菲比，她是我到这里后结识的第一位本地人。菲比个子较高，看上去1.75米的样子，淡黄色的中长鬈发，棕色的眼睛，脸上常常挂着微笑，使得双颊上的雀斑也亲切起来。跟她的相识，想来有些不可思议。我们就是无意中在大街上认识的，而且第二天我就被邀请到她妈妈家里做客，而我竟然毫不犹豫地就答应了。第二天上午菲比开着车来找我，我坐上她的车，跟着她去了她妈妈家。那是一段不近的距离呢，感觉开了好久，车子驶进一个漂亮的村子。她妈妈家就在这个村子里。菲比的父母对中国文化情有独钟，能讲中文，去中国旅游多次，所以菲比急着要把我介绍给她父母认识。我和菲比，以及菲比的父母就这么迅速地成了朋友。后来我常常回想，自己怎么跟着一个才认识的人去了那么远的地方？怎么就没有一点儿戒心呢？也许这就是缘分吧。

和菲比结识的情形是这样的：

早上送完苏宝上学，我就去了超市，正走在街上，菲比迎面走过来跟我说"你好"，吓了我一跳，根本没想到会有人和我打招呼，更吃惊的是她一个标准的西方人却说得一口标准的中国普通话！我还在惊愕之中，她又是一句："你从中国什么地方来？"从那一天开始，我和菲比每周都要见上一面。

菲比是虔诚的基督徒，她送给我《圣经》，我很高兴。《圣经》是西方文化的根基，里面的故事很有意思，也有人生的智慧在里面，对于了解西方文化还是很有帮助的。就这样和菲比常来常往，我有任何不懂的地方都找她咨询，一直以来她给了我很多帮助。而我，在回国探亲的时候买了本《诗经》，送给她后，她也非常喜欢。

从此以后，送礼物这样的事情对我来说简单多了。只求能表达我的真实情意，不给送礼物这件事赋予其他的含义。随着在这里结交的人越来越多，对习俗越来越了解，我才发觉朋友之间需要送礼物的地方很多，比如结婚、升学、毕业、生小孩等等，这样看来一点儿也不比我们在国内的人情债少，可是不同的是，送张贺卡、送束鲜花、送盒巧克力等就可以非常圆满地解决，而且皆大欢喜。

　　送给别人的礼物，也鼓励手工制作，例如自己做的贺卡、相框等等。收到这样的礼物，一般都摆在家里最显眼的地方，有客人来时会被重点介绍。

　　礼物表达的是感情，而不是一种金钱上的攀比。明白这个道理后，我发现，人与人之间的关系，原来可以这样简单、这样坦然、这样真诚。

不受欢迎的礼物

一进入十二月，苏宝就对圣诞节表现出了极大的热情。她也期待着她的圣诞礼物，总想从我这里提前知道。有时候我也听到她和夏洛特在电话里商量准备圣诞礼物。

圣诞节前的一个星期，苏宝放学后把一张纸条塞进了我手里。

展开一看，上面写着：麦克斯。

很显然这是一个人的名字。

"这是什么意思啊？"

"圣诞节的时候我要给他送礼物。"

"哦？那谁给你送礼物？"

"我不知道啊。"

"为什么确定你就给他送礼物呢？"

苏宝说班上是这么过圣诞节的：

苏宝班上有二十一个同学，加上克里斯蒂老师，一共二十二个人。这二十二个人抽签，抽到谁就给谁准备礼物，为了保持神秘，增加惊喜，彼此间要保密。这个形式倒是很有意思，既互相表达了节日的祝贺，又有着对自己的礼物充满期待的兴奋心情。而且老师也参与其中，这是让家长倍感轻松的事情。

礼品的金额不超过10欧元。

"妈妈，我只有一个周末的时间买礼物，来得及吗？"

"来得及，男孩子的礼物好买。"

我根本没把这件事放心上。如果我意识到有可能会因为这份礼物破坏苏宝的圣诞节心情，我一定答应她对这件事三思而行，而不会犯想当然的错误。

可是当时，在看了纸条后我就想好了，男孩子嘛，送个足球他肯定会十分喜欢。

这个主意透露给苏宝，她也没有反对。我们在运动品商店挑选了一只足球，苏宝喜笑颜开地看着店员把足球包装起来。我们都以为这是一件非常完美的礼物，可到了学校互送礼物的那一天，却是另一番情形。

那天上学的一路上，苏宝兴致勃勃，路都不会走了！又蹦又跳的，几次被我从路中间拉到路边。虽然路上没什么汽车，但也不能在路中间疯啊。从没见她这么反常过。"这是我第一次过圣诞节！"她跳着对我说。

我开玩笑似的提醒她："不要得意忘形哦。"

她哈哈笑着，说："那你接下去就要说小心乐极生悲咯？"

我佯装严肃："嗯，你知道这个道理就行。"

看苏宝这么高兴，我也被感染了。我拉着她的手："不知道今天你们班的圣诞树下最先放下的是谁的礼物。"

"也不知道谁给我送礼物，送什么？"

"这才有意思，会让你体会到惊喜，不好吗？"

苏宝满怀期待。

"快走，快走，我要第一个把礼物放到树下。"苏宝拉着我跑了起来。

路上遇到几个同是上学的孩子，都和苏宝一样开心。小孩子的快乐真简单。

我突发奇想："苏宝，我到你们教室门口看看去可以吧？"

"你想去看圣诞礼物？也许能行？"

"当然行！"我给苏宝看了看我手上的两盆圣诞红，"我要帮你拿礼物啊。"

苏宝笑了。

校园里也被装饰了起来，校园中心的一棵圣诞树被孩子们点缀得五彩缤纷。苏宝教室的后面，也有一棵小圣诞树，一米多一点儿高，挂满了星星、彩灯和彩练。我关注树下，树下已经有四五件包装得漂漂亮亮的礼物了。苏宝跑过去把自己带来的礼物放到树下，我把两盆圣诞红放到她的书桌上。

"一会儿我就去找薇拉老师，把花和贺卡送给她。克里斯蒂老师的我等她上课时送给她。"

"好，我回去了。"

苏宝和我走到教室门口，我跟她再见，她兴奋地压低声音说："放学前就会拿到礼物了。"

校园里见到的孩子个个喜笑颜开，谈论着礼物。也许很多时候真的是大人想多了，送礼物的初衷便不再单纯了。

苏宝早上开玩笑地说了一句"乐极生悲"，不想一语成谶，放学时她那垂头丧气的样子让我很不解——拿着自己的礼物都不高兴？！

我当时哪知道她的心思，还很不识趣地问："小宝，你收到什么礼物了？对了，麦克斯喜欢你给他的礼物吗？"

"不喜欢。"

"啊！怎么会呢？"我绝对不信，观察着苏宝的表情，想第一时间揭穿她骗人的小把戏。

可是苏宝不像是开玩笑，这就怪了。

我追问了一路，苏宝气哼哼的也不回答。到了晚上，我才知道当时的细节。

苏宝将足球送给麦克斯，可麦克斯是班上唯一一个不踢足球的男生。而麦克斯似乎也没想到会得到这样一份礼物，拿着足球一时不知所措，听到有几个男生笑了起来，他才恍然，慌忙谢过苏宝，见苏宝一脸困惑，就解释道："我不喜欢踢足球，我喜欢养金丝雀。"

送了一件别人不喜欢的礼物！苏宝心里既难过又尴尬。班上互相交换礼物的活动仍在继续，克里斯蒂老师叫着不同的名字，苏宝的耳边充满欢声笑语，她却一个人难堪地坐在座位上。老师在叫她的名字，阿妮塔捧着一个紫色的盒子站在苏宝面前，苏宝说谢谢，在同学们热切的目光注视下打开了盒子——一面小镜子和一条浅蓝色的绑头发的丝带。

小镜子很可爱，圆圆的镜面，长了两只长耳朵，可挂在墙上，也可折叠放在小桌子上。夏洛特当时就用丝带帮苏宝绑起了头发，给苏宝举着小镜子左照右照，几个小女孩围着她说漂亮，可是苏宝心里无论如何也高兴不起来。

这样的结果完全出乎我的意料，第一个圣诞节就这么不开心！我对苏宝带着几分歉意，沉思片刻，安慰苏宝道："不要太在意，是你不了解情况，不知者不怪嘛。我想说不定麦克斯因此开始踢足球了呢。"

苏宝抬头看了我一眼，目光中不乏同情。"妈妈，你怎么会有这么天真的想法？你以为这是在编一个低智商的故事吗？"苏宝郁闷至极。

"可是苏宝，你要知道，我们每个人都会遇到十分尴尬、难堪的事情，这种事情发生的时候的确很让人难受，让人恨不得隐身起来，恨不得在世上消失。有的事情要比你这件事情严重得多呢。可是过几天就会烟消云散，也没有人会永远记得这样的事。因为我们每个人都是不完美的，都是会犯错误的。今天你遇到了令人尴尬的事，明天别人也会出现这种情况，都很正常。你不过是在不知情的情况下送错了礼物，没关系的，你表达了你的心意就好了，至于对方喜欢不喜欢，我们也不能完全掌控。你想想，你是不是也收到过不喜欢的礼物？怎么做的呢？是不是你也不是很介意，很快就忘记了？所以麦克斯也不会因此怪你的。"

苏宝的情绪好了一些。她说要去睡觉了。

"好吧，做个好梦，宝贝，明天又是新的一天。"

"明天就放假了。"

苏宝的假期开始了，这件事情投在她心里的阴影也随着和同学、学校的远离而慢慢淡化了。

新年期间，我家的信箱里有一张寄给苏宝的贺卡，一张来自意大利佛罗伦萨的贺卡。收到这样一张贺卡让苏宝和我都感到疑惑，我们急急地寻找寄卡片的人，原来是麦克斯！他们一家正在佛罗伦萨度假。卡片上除了向苏宝祝贺新年外，下面还有一行特别的话：我在自己家院子里踢了足球，我觉得非常有趣，谢谢你的礼物。

我想起了之前的话，得意地拍拍苏宝的肩膀，苏宝也笑了，不难想象出麦克斯在冬日的暖阳下，穿着体育课上常穿的深蓝色运动短裤，在自家院子里踢球的情形。

至此，这件事有了圆满的结局，苏宝真的开心起来。

但是真实的情况是这样的：

在麦克斯家院子里踢球的是他的弟弟，而麦克斯，真的没碰过那个足球。

这是麦克斯后来告诉苏宝的。麦克斯和苏宝进了同一所中学，因为小学时的同窗情谊，他们接触得比较多，放学时常同路回家。

原来被我的主意搞砸了的圣诞节并没有以喜剧收场。

上中学后的一个圣诞节的前夕，苏宝和夏洛特在步行街挑选圣诞礼物，碰到同样去买礼物的麦克斯，于是麦克斯开玩笑似的说起了这件事。

"卡片上那么说，是想让你尽快忘了这件事，因为你送我足球那天我表现得很不绅士，让你难过了，我那几天也一直为自己的表现感到愧疚，想跟你说对不起。"

"麦克斯的谎言是善意的。"夏洛特一直这么为麦克斯辩解，可苏宝心中始终隐隐不快，在她心里，过去的难过重又回到心头。好在她有夏洛特这么一个好朋友，夏洛特安慰她说："麦克斯的本意就是让你开心啊，他告诉了你实际情况，就是说明他并不介意这件事，你也可以忘记了。"

　　苏宝点点头。

　　以苏宝的敏感，我不知道她是不是真的就能完全忘掉这件事。然而世事总是难以预料，几天后，我便看到了苏宝发自内心的笑容，苏宝迎来了她最开心的圣诞节。

　　那是上中学后的第一个圣诞节，那年的圣诞前夕，苏宝收到的礼物是一本建筑图集。对于这本建筑图集，苏宝早就想买，只不过价格让人咋舌。我希望她用自己的零用钱去买，每次去书店，她首先是去看这本书，看到书还在，心就踏实了，然后就有了攒零用钱的动力。没想到现在提前得到了这份让她心心念念的礼物。更没想到送她礼物的，是麦克斯。

　　苏宝一时间惊喜交加："麦克斯怎么知道我喜欢这个？不太可能是凑巧吧？"苏宝和夏洛特依然保持着无话不谈的友谊。

　　"这个问题恐怕只有麦克斯能回答。"夏洛特带着暖心的笑容看着苏宝。

　　也正是这一年的圣诞节前下了一场雪，这场雪不算小。清晨拉开窗帘，打开家门，眼前一派银色的世界，纯净极了。前日里浓绿的灌木丛覆盖了深厚的积雪。已经有父母带着孩子在自家门前堆起了雪人，人们欢喜着这场圣诞之雪，用各种方式表达着对雪的喜爱。板凳摇身一变成了雪橇，孩子坐在上面，父亲拉着奔跑，耳边是父子俩快乐的笑声。我喊来苏宝，一起去享受大自然的馈赠。这场雪召唤着人们走出家门，忘却寒意，在兴奋中期待节日的到来。

中心广场上那棵巨大的圣诞树一如往年矗立在那里，只是今年雪压枝头，格外漂亮。雪的洁白，松枝的青翠，五颜六色的装饰……每到夜幕围拢过来时，装饰的彩灯散出温暖的光。

过了多个圣诞节，每一年的圣诞节都有不同的惊喜，不同的感受。总有不同的事情成为当年圣诞节的主题。每一年圣诞节来临时，我们总是不由自主地想起在这里过的第一个圣诞节，想起我们的兴奋、好奇和期待，想起我们三个在那一天傻乎乎地去逛街，就是因为我们想知道圣诞节到底是什么样儿。街上是不是很热闹？商场里是不是都在打折？节日期间正是商家促销的好时机啊。

12月25日那天，因为兴奋，我们三个都起得早，打开窗户，街上安安静静的。等我们都收拾停当了，街上仍是静悄悄的。苏仲宇说太早了，假期里都不用上学上班的，谁这么早上街啊，平时商店也是九点半或十点才开门营业呢。

我们也一致这么认为。一家人悠悠闲闲地吃了早饭，苏宝坐在我们家的圣诞树下，望着昨晚就放在树下的礼物。

"妈妈，我们的礼物太少了。"

"我们只有三个人啊！再说，圣诞节的意义并非是得到礼物。走吧，我们上街去。"

十点半的时候，我们三个人兴奋地出了家门。

十几分钟后，我们心里的那股兴奋劲慢慢被困惑和不安挤走了，城里的大街小巷，好像一下子让人看不懂了。

整个城市像是一座空城，我们三个则像闯入者，在大街上漫无目的地游弋，和我们同行的，只有被风吹落的树叶。

广场中那棵高大漂亮的圣诞树依然矗立在那里，显得高傲冷清，往日里在树下驻足观赏、嬉戏玩乐、不停拍照的人们都哪里去了？

一向热闹的步行街，大小店铺店门紧闭，街上空空荡荡，没有了平时的热闹，那些为过节而挂起的各种装饰，冷清清的，笼罩着一丝清寒。

如此盛大的节日，街上竟会这么清净？！

我们越逛越困惑，越逛越兴趣索然。

这就是第一个圣诞节留给我们的记忆。后来我们才知道，圣诞节在当地人的心目中，竟也和我们的春节一样，是个合家团聚的日子。热闹都在家里，街上自然冷清多了。孩子们大都要回到父母家里，圣诞树下，一家老小，几代人聚在一起，共贺节日，共享天伦之乐。如果父母不在世，就去大哥家里，家是彼此亲情的纽带，这份亲情是不能断的。

第 11 章

心平气和地
对待孩子的爱好

惊险报名记

　　我一直都觉得，孩子从小学习一门艺术或一项体育技能会是一件受益终生的事。比如，弹钢琴、拉小提琴、画画等，或者打羽毛球、乒乓球……掌握这一类技能，并坚持下去，会让自己的生活更有情趣，更丰富多彩，所以我希望苏宝能学会一种。从她很小的时候，我就让她接触这些，希望能发现她的兴趣所在，然后有针对性地培养。可是苏宝从来没有给我这个机会，她什么都不喜欢，不论是乐器，还是舞蹈，对任何一项连三分钟的热度都没有。至于其他运动项目就更无从谈起了，苏宝上体育课都是勉勉强强地应付。

　　那些会唱会跳，到了某些特定场合能够随时露几手才艺的孩子，让我好生羡慕，可那永远是"别人家的孩子"。既然苏宝是真的不喜欢，我也就死了心。但每每独自回想起来，还是感到深深的遗憾。我有时候会向力维发牢骚，跟她聊聊我的苦恼。她却说我身在福中不知福。

力维的孩子已经学了三年多长笛，她自己的业余时间全部给了孩子。力维的孩子也是几经尝试，学过钢琴、学过吉他，之后才确定下来学长笛。每个周六、周日孩子都有课外班上，大人就得全程陪着。到了五年级，除了这些兴趣班外，又加上了为升重点中学而上的"占坑班"。力维笑言："我的生活状态，不是带孩子去上辅导班了，就是带孩子去上辅导班的路上……"听到我的抱怨，她反问："你这样不好吗？像我们这样累不累？家长累，孩子更累，孩子平时的学业就已经很重了，还要被无情地向广度、深度开发。"

"不是要求取消奥数之类的辅导班了吗？"

"是说了取消，可是小升初的时候这又是加分项啊，你怎么解释？"

"上这么多班，孩子消化得了吗？"

"每天灌得太多，能消化多少就消化多少吧，有什么办法。你们那儿多好啊，孩子们什么课外班都不用上。"

这话力维可说错了。这里的孩子也是上兴趣班的。后来苏宝也主动要求上兴趣班，令我特别高兴。也正是因为苏宝上了兴趣班，我才了解到更多孩子上兴趣班的情况。

最初我也和力维是一样的观点，认为国外的孩子轻松自由，除了学校那几节课，其余时间都以玩为主。直到那次带苏宝到艺术学校报名，我才改变了认识。那天着实被艺术学校门口的阵势吓到了，一直忐忑不安地带苏宝排队报名。

到了四年级的时候，苏宝跟我们说要去上个课外班，学点学校里不教的东西。我们自然没有意见，求之不得呢！问她要学什么，她说夏洛特在学表演，其他不少同学都在外面上课呢，有学音乐的，有学画画的，还有学舞蹈的。她自己想去学画画。

苏宝的这个决定使我非常欣喜，我生怕这是苏宝的一时心血来潮，想赶快将这件事速战速决。城里有一所专门面对中小学生的艺术学校，第二天我就去了这所学校，去了才发现速战速决的想法不现实，全校各个班均已招生结束正常上课了。苏宝要学的话，必须要等到暑假时报名上秋季开学的班，我这一趟只拿回了一份招生简章，并留下了家里的地址，学校说报名通知会寄到家里。

晚饭后我们三个人共同研究这份招生简章。

这所艺术学校开设的课程不少，有夏洛特学的表演艺术，乐器类有钢琴、古典吉他、小提琴等，另外还有舞蹈、油画……

苏宝的兴趣在油画，她用荧光笔把油画课程标记了下来。此后苏宝便天天数着日子，盼着放假。放了暑假，她就可以去报名了。我甚至在逛街的时候给苏宝买了一件罩衣，这是专门为画画的孩子准备的罩衣，画画时穿着它，以免颜料弄脏了自己的衣服，这种罩衣是用特殊材料制成的，即使被沾染得五颜六色，上面的颜料也很容易清洗掉。

苏宝接过罩衣就穿了起来，喜欢得不得了。

"学校怎么还不给寄报名通知啊？"苏宝翻着日历嘟囔。

"急什么！还没放假呢。"

"学校会不会忘了给我们寄通知？"

"放心吧，收不到通知我会再去一趟学校，你一定能去学油画的。"

六月底的时候，我们收到了艺术学校的报名通知，通知上写明了报名的时间和注意事项。报名的时间是七月十六日，也许是太关注这个时间了，以至于忽略了其他。苏宝当即把七月十六日这个报名的日子用红色粗马克笔圈起来，端详了一会儿似乎是觉得还不够醒目，又在外围用绿色的笔圈了一圈。

七月十六日在我们一家人的翘首盼望中总算到来了。本来是欢天喜地的，结果去了学校才发现，原来光一味地傻等了，事先该做的准备工作我们却没有做。

通知上写明是九点钟开始报名。苏仲宇按照在此地的生活经验，觉得不用着急，这里的人做事情都是慢悠悠的，九点半到就可以。

我和苏宝不同意，还是提前了一点儿时间出发，到艺术学校门口时九点十分，这个时间已经不早了。还没走进学校的时候我们就看到了长长的队伍，不由得心里犯起了狐疑：都是来报名的？不会吧，怎么会有这么火爆？当地的人不是都崇尚让孩子自由成长吗？怎么会有这种场面？不会！可是，如果不是报名的，这么多人在学校门口干吗？

我预感不妙，大概今天将不会是一次愉快的经历，看着这些人，心里不由得不安起来。眼前这种场面让苏仲宇也沉不住气了，他跑了过去，到队尾一打听，果然都是来给孩子报名的，而且自觉排号，到了我们这里已经是160号了！我和苏宝赶过来时，苏仲宇说："排着吧，我们是160号。"我心中一沉，160号，让苏宝险些哭出来。

心里头恼火，生苏仲宇的气，也生自己的气，同时我又阿Q般地宽慰自己：这一期油画班要招三个班的学生，这160个报名的孩子肯定不都是来学油画的，也许还是有希望报上名的，再一细算，嗯，应该肯定能报上名。我把自己的想法说给他们俩听，本想安慰苏宝，苏仲宇却一盆冷水泼了过来："你要知道，不一定是一个号只给一个孩子报名，你看不是有不少带着两个孩子的，还有三个孩子的。"现在想哭的就不止苏宝一个人了。我十分心焦，万一真的报不上名，苏宝怎么办？她可是心心念念地盼着这一天盼了两个月呢！可是……我在四处张望中又发现了异常情况。为什么排在我们前面和后面的人手里都拿着一张A4纸？我们为什么没有？我碰了碰苏仲宇，他向前面的人打听了才知道，他们都是从学校的网站上打印出来的报名表。

"谁通知要打印这个表？"

"报名通知上写的。"

我赶紧闭了嘴，报名通知我们三个都看了，看过后是我收起来的。可我们只关注了报名的时间，其他内容根本没看。

怎么犯了这么低级的错误？！那一瞬间欲哭无泪啊，怎么办呢？

好在旁边的人又通报了一个信息，这才让我们心安了下来。他说如果自己没有打印，到里面的时候可以领到表，只不过，当场填写会耽误些时间。

能补救就好！耽误时间也强过白来一趟啊。

此时我们只有等待，心急如焚地等待。陆陆续续的，又有一些人来，可是前面并不见有人出来。

等了将近一个小时左右，终于出来了十来个人，苏仲宇忙过去问，刚刚结束的报名号是22号。真令人绝望，一时间我的心里满是沧桑，充满自责，哪怕早来一个小时，情况也会大不一样啊！陆续又有几个家庭出来了，速度似乎快了些。我已经开始不停地擦汗了，时间已近中午，加之今天艳阳高照，温度不知不觉地升了上来。终于我们一家人从大街上移到了大厅里。在大厅里坐下来，依旧是等待。

进到大厅里，一切就看得很清楚了。有工作人员不时出来在墙上张贴的表前画着什么，我过去一看，原来是把名额招满的班次画掉。我没敢把看到的这一切告诉苏宝，心情更加忐忑不安。排在后面的父母，也是一脸的焦虑。看来天下的父母都是一样啊。

轮到我们的时候，苏仲宇没了往日的沉稳，从椅子上一跃而起，三步并作两步就进了报名的房间。来到油画班报名的地方，实在是太万幸了！只有一个班还差四个学生就满员了。

总算是报上名了！这几个小时过得太痛苦了。苏宝高兴了，我们也没什么可抱怨的。我自然地想到以后我也要风里来雨里去地接送苏宝上课外班了，一时间很想马上告诉力维，我也要和她一样了，心中竟然对这样的生活有了几分期待。

苏宝的油画班开学后，我每星期三下午接送一次。对我来说，辛苦谈不上，对苏宝来说，也谈不上辛苦。我不过是在去与回的路上陪着她走上十几分钟，而苏宝，每次带着工具箱去艺术学校上课，就像是要和同学一起出去玩，欢天喜地。

女儿不学妈妈学

看到苏宝这么有兴致地去上油画课，我心中那个断了多年的心思又蠢蠢欲动起来。我开始鼓动苏宝去学音乐，学一样乐器，随便什么乐器，只要她肯选择出一样。我以为几年过去了，苏宝也长大些了，也许她已经改变了想法。可劝说的结果依然不能令我满意。反观苏宝，哪方面都不错，但为什么这件事上就是不让人满意呢？我为此常常不解，也常常苦闷。

有的时候，将苏宝送去了学画，我就到学校对面的步行街逛逛，来消磨这段等待的时间。很巧的是，有一次竟然碰到了薇拉老师。薇拉老师前不久退休了，来步行街是为她刚刚出生的孙子买东西。

"祝贺我吧，我现在做奶奶了！"

我特别喜欢薇拉老师的爽快，她说着拿出皮夹，里面有一张新生婴儿的照片。

"很漂亮吧？他叫帕特里克，是我们家的第一个孙辈。"

薇拉老师难以抑制她的喜悦。

我们在一家咖啡馆里坐了下来。

"苏宝现在怎么样？"一坐下来薇拉老师便问道。

我把苏宝的近况告诉她，还告诉她苏宝特别不愿意她退休。虽然苏宝已经从她那里毕业，可苏宝说："学校里见不到薇拉老师好像少了些什么。"随后我又跟她说起苏宝在学油画和我的想法。

我很想让苏宝再去学钢琴，或者小提琴，或者随便什么乐器，女孩子会一种乐器多好！

"苏宝喜欢去学吗？"薇拉老师问。

这正是我发愁的地方，苏宝不想学琴，她说不喜欢音乐，不喜欢任何乐器。而我，总是有这样一种希望，或者说是一个温馨的画面在脑子里：在漫长而寒冷的冬季的夜晚，我和苏仲宇坐在温暖的壁炉旁，优美的琴声回荡在房间里，是苏宝坐在不远处的钢琴旁弹奏。

我用了几种方式劝说苏宝，甚至答应给她买一台笔记本电脑，她都不为所动，还声称自己是原则性很强的人，不会因为一些好处就放弃了自己的坚持。

真是气人！

有几个朋友的小孩子都在学钢琴，我常和她们交流。我再一次发现了"别人家的孩子"。"别人家的孩子"的存在，的确让家长不淡定，这种比较不声不响却直刺心扉。很多时候也不想用自己的孩子和别人家的孩子比较，可是每当遇到这种场合，比较是情不自禁的。朋友的女儿很小就开始学习钢琴了，现在已经上中学，这么多年里从没有间断学习，更难能可贵的是，这孩子学琴的兴趣一直不减，练琴积极主动，时间长，父母要时不时打断她的练习，让她休息休息。这样的孩子多好啊！可是为什么大多数孩子做不到这样呢？我的朋友们说："小孩子都没有自觉性，不能由着他们的性子，家长还是要逼一逼的。"关于这一点她们还给我做了举例说明，说有个女孩子，在历次的班级联谊活动中，因为没有什么特长，不会唱歌、跳舞而感觉备受冷落，回家抱怨父母，妈妈说她曾经学了一段时间后来不喜欢就不学了，然后重点就出来了，这个孩子怪父母道："为什么你们当初不逼着我去学琴？我不学你们可以打我啊。"

我问苏宝，以后会不会怪我？

她说绝对不会的。

可是她现在还小，自己怎么高兴怎么来，我还是有些不死心。

今天难得遇到薇拉老师，我怎么能放过这个机会呢？

薇拉老师说："我不会为此去劝说苏宝的，苏宝有自己的想法，当她想学的时候，什么时候开始学都不会晚。即使自己一辈子都不会唱歌跳舞也无妨啊，我们可以欣赏别人的表演，照样带来享受。既然你希望自己的家里充满琴声，你完全可以自己去学啊，你的理想与愿望不要过多强加给孩子，孩子承载不了那么多，他们要为自己活着。"

我非常惊讶："我？我这个年龄去学琴？"我下意识地活动了一下双手的十指——这么笨拙僵硬的手指去弹琴？

薇拉老师笑了："你可以去学校看看，还有比你年龄大的呢！"

苏宝下课的时间到了，薇拉老师和我告别时说了几句值得深思的话。

她说："苏宝是一个聪明、爱学习的孩子，要让她按照自己的意愿，自由地学，自由地成长。我们要爱护她这颗爱学习的心，不要过于强迫她学什么，那样会使她学习的积极性受到打击的。"

　　牵着苏宝的手走在回家的路上，我问："今天画了什么？"

　　"沙漠里的骆驼，下次课结束时就能完成了，然后我拿给你看。"

　　"好的，你特别喜欢画画，是不是？"

　　"是，这样我可以将想象中的一些东西变成眼前的画面，也可以让现实变成永恒。"

　　"好，那就按照你的意愿好好画吧。"我由衷地说。心一下子轻松了。

上兴趣班的意义

我曾经和夏洛特的妈妈有过一次深入的谈话，我们谈起孩子的兴趣爱好，谈到我们对她们的希望。那时候我们一起在艺术学校门口等待着孩子们放学。

夏洛特的妈妈玛格丽特在一家服装店工作，夏洛特的爸爸是一份发行量很大的报纸的编辑，夏洛特喜欢写东西应该是遗传了她爸爸的基因。我没有想到夏洛特对学表演还有这么大的兴趣。

"夏洛特为什么来学表演？"我问玛格丽特。

"她喜欢。她经常会模仿动画片里的人物和声音。"

这倒出乎我的预料。我接触到的夏洛特似乎和这样的表现有一些距离，夏洛特看上去总是文文静静的，说起话来也是轻声细语，看不出原来还有如此活泼的一面。

"很多个冬日冗长沉闷的夜晚，我们都是在她的各种模仿片段中消磨度过的。"

"真好。夏洛特长大后会从事表演，也许还会成为表演艺术家呢。"

玛格丽特微笑着摇摇头。

"怎么？你不希望她成为一名艺术家？"

"我没有这个想法。我想夏洛特自己也不太可能有这个想法。她来这里学表演，只是因为现在喜欢，表演带给了她快乐和享受。也说不定下次上课前她就会说'我不喜欢学了'，那就不学了，课也不上了。"

"你不介意她半途而废？"

"我并没有希望她成为什么，也不存在半途而废。"

"可是，"我想了想又继续说道，"如果是我，我会让她坚持，坚持到最后。"

"最后是什么？成为艺术家？可是这样被迫学的，即使被要求坚持到最后，也会因为缺少主观努力，思想必然僵化，从而产生不了突破的灵感，最终也不会有成就的。更重要的是这个过程中她体会不到快乐，更多的是疲惫和痛苦，这样坚持下来有什么意义呢？"

我忽然有种茅塞顿开的感觉。"热爱是最好的老师"，这句话人们常说，可是直到这一刻我才真正明晓它的含义。苏宝热爱画画，所以她学得开心，学得投入；还有那个酷爱弹琴的女孩，她们的行为都告诉人们热爱是最好的老师，热爱是最好的学习动力。孩子们热爱各种才艺，希望学习，所以这样的兴趣班也非常有吸引力，每到报名日，大人和孩子争先恐后，而学习的目的和心态，给了我焕然一新的认识。

我忽然脑海中跳出一个念头：或许我真的可以去学钢琴，当然不是为了登台，只是为了给生活增添些乐趣，为什么不可以呢？

有一次我问夏洛特：长大了想做什么？她说想做个老师。我又问她想不想做个艺术家，她腼腆地笑笑，说："如果能成为专业表演者，做有关表演方面的工作当然很好。可是当一名老师而把表演当作爱好也会让我很开心。"

这就是一个普通孩子的回答，为自己的爱好努力，平淡朴实，理智独立，并且脚踏实地。

当一个人发自内心地喜爱做一件事的时候，他便有用不完的聪明才智。玛格丽特的话，和那天薇拉老师的话异曲同工。这又让我想起前不久逼着苏宝学钢琴的事，幸亏薇拉老师点醒了我，否则我真的逼着苏宝去学琴，也许苏宝现在连油画也不喜欢了呢。

就是这样轻松地学着，苏宝也学出了成果。

一天从艺术学校放学回来，路上苏宝递给我一张玫瑰色卡片。

请柬？我心里充满了好奇。

"对！请你们来参加我们的画展。"

"画展？你们？"我简直不敢相信，这才学了多久啊，就有画展？

"是的，就是让家长看看我们学的成果。对了，等到一年以后，我们会在市政厅办画展，那个时候是请全市的人参观的。现在这个只是请家长来。"

听苏宝这口气，似乎对这个小范围的画展还不甚满意。

画展那天，人不少，但现场却很安静，人们有序地流连在两个展厅。

我和苏仲宇都去了，一到展厅，首先吸引我的不是一幅幅画作，我根本还没来得及看那些画作，吸引我的是前来参观的人们。他们庄重的着装、认真而又充满好奇的眼神……他们默默欣赏着，偶有三两个人凑在一幅画前低声细语，仿佛面前的每一幅画都是惊世名作……

这些家长带给了孩子们足够的尊重，让我感动。

在众多幅油画中，终于找到了苏宝的画。画的是一个南瓜。颜色？比例？明暗度？说实话我不懂这些，可是我就是觉得苏宝画得特别好，我轻声问苏仲宇："这幅画展完后可不可以拿回家？"

"不清楚，干吗？"

"如果苏宝能拿回家，我要把它裱起来挂在家里。这是咱们小宝的第一幅油画作品，保留下来很有意义的！"

"嗯，画展结束后让苏宝问问老师。"

我为苏宝的成就感到由衷的高兴和满足，这种高兴和满足是清醒的。我既不会被眼下的这点成绩冲昏头脑，也不会因想要更多而小看了这样的成绩，一切顺其自然，只要苏宝还在喜欢着画画、学着画画，只要苏宝各方面在进步着。

苏宝学画画坚持了下来，我没有再建议她学别的，经历了这么多，我也看到了苏宝的成长，我的心态平和了很多，我不再被"别人家的孩子"刺激，因为我知道"别人家的孩子"也是孩子，我看到的不过是一部分，至于那孩子的全部，我又怎能知晓？世上没有完美的人，为什么要要求一个孩子那么多呢？更不能用别人的长处和自己的短处相比。

薇拉老师和玛格丽特的话，让我深深体会出了什么才是兴趣，什么才是去上各种兴趣班的真正目的。为了兴趣、带着真心喜欢去学，才能学到真正的知识，才能让自己学得快乐，而不是为了某个证书去学，也不是为了父母的某项规划去学。父母规划的是他们自己希望的生活，而孩子有孩子自己的生活，选择权只属于孩子自己。等到哪一天，我们舍弃了在教育过程中的功利性，我们的孩子就会更好地发挥创造力，取得应有的成绩。

生活有很多方式，你有权选择过自己想过的生活。不同的选择，各有各的精彩，每一种生活都是成功的。苏仲宇的一个同事，非常出色的医学材料专家，平日里酷爱自行车运动，终于有一天，他从研究所辞职去了一家自行车运动俱乐部，从一名科学家摇身一变成了教练，他说人生才刚刚开始，高兴地请大家去酒吧庆祝。还有我的朋友菲比，她拒绝了老板给的升职机会，为什么呢？因为升职后，工作将会更忙碌，承担的责任更大，而属于自己的时间将更少。不仅如此，她还主动要求将全日制工作改为半日制工作，争取到更多属于自己支配的时间，只为了她心爱的传教事业……

我决定自己去学钢琴，我渴望的生活要由我自己去实现。苏宝总会找到属于她自己的、她情愿为之努力的生活，而不是我给她安排的生活。

这些年我在看，在体会，努力理解着我一时不能理解的一切。

苏宝无忧无虑，快快乐乐，学着，玩着，时间没有虚度，我为她感到高兴。

第 12 章

这样的小升初

总有一天，她会长大

又一个复活节到了，自然界迎来了生机勃勃的春天。看着令人欣喜的满眼新绿，含苞待放的娇嫩花蕾，人的心都变得舒朗温柔了起来。每当推开窗，望着窗外的安静世界，淡淡心事，不由得涌上心头。

还有不足三个月的时间苏宝就要上中学了。六年级的家长和孩子们开始选择准备就读的学校了。有时家长们碰到一起也会谈论这方面的话题，大家互相交流了解中学的情况。城里有十几所中学，整体上看教学水平、师资力量基本相当，只不过有的学校在理科方面突出一些，有的学校则在人文、艺术方面具有优势。学生们选学校本着自己的意愿，以及今后的职业发展目标，选择自己喜欢的、适合自己的学校；也有的学生则完全不考虑这么多，自己好朋友去哪个学校自己也跟着去哪个学校。我们充分征求了苏宝的意见，商量过后，将圣安德鲁中学作为首选。圣安德鲁中学离我们家的距离是圣彼得学校离我们家距离的一倍，这段距离并不算远，苏宝依旧可以走路去上学。

圣安德鲁中学的前身是圣安德鲁男子学校，有着两百多年的历史，如今已经男女同校。这间学校一直以理科成绩优异而为人们津津乐道。根据苏宝的情况，这间学校无疑是很适合她的。

升入中学后，孩子们还要选一个专业方向：科学、经济或拉丁语。其中拉丁语这个方向是公认最难学的。教育部门规定：选拉丁语的孩子可以中途改学科学或经济，可选择了科学或经济的孩子，是不可以中途转去学拉丁语的。因为拉丁语十分难学，最终坚持下来的学生很少。拉丁语作为一门独特的死语言，时至今日，仍在医学、法律等方面有着重要的地位。苏宝喜欢有挑战性的学科，决定去学拉丁语，我们都很支持她。

自从上了六年级，确切地说，从五年级下学期开始，苏宝的学习任务就比以前重了，作业也多了起来。除此之外，我倒是没有体会到其他的不同。

力维说我真的很省心，让她羡慕嫉妒，但是不恨。我笑笑。我了解她的心情，她儿子为了上心仪的中学，从五年级的时候开始上"占坑班""龙班"，周末及各种假期，大多在补习班中度过。

我们出国后，教育界不断涌现出令人费解的新鲜名词，比如这个"占坑班""龙班"等等。这样的补习班是专给小升初的孩子准备的，力维把一个个新鲜名词解释给我们听，以免我们"与时代脱节"。

了解得越多，越能体会到父母和孩子的辛苦，读书成了"精力、体力、财力"的比拼，看力维清瘦的身形、渐多的白发，不免有些心疼。我劝她别太辛苦，孩子在哪个学校读书能有多大差别啊？再差的学校也有好学生，再好的学校也有差学生。

她自然否定了我的观点，孩子马上小升初了，更不能掉以轻心。小升初的名目很多，其中有一种方式叫"推优"。推优有名额限制，推优的条件也非常具体：各科成绩在百分之七十以上会得到一定的分数，同时各类证书、是否是三好学生等都有对应的分值，比如小学阶段里当过一年的三好学生是六分，两年的三好学生是十二分，三年的是二十分……符合推优条件参加第一次电脑派位。力维说到六年级下学期初，好的学校基本上就把好的学生选走了，剩下的学生参加二次电脑派位。好的生源、师资都留在了好的学校，导致好的学校更好，差的更差，形成恶性循环。家长们自然是要千方百计让自己的孩子去上好的学校了。

"我也很无奈。我是老师，可我也必须把孩子送去上占坑班。从五年级开始上这种班，每年要花掉十几万不说，最终能否上心仪的中学也不一定，但是不参加占坑班希望更渺茫。"力维说。

我除了在心里为力维叹息，也无能为力。

现在苏宝也要小升初了，我不知道该为她做些什么。

和菲比聊天提起此事，菲比告诉我能做的就是陪伴。

"陪伴，你要做的只有陪伴。对于孩子，不管是哪个阶段，父母最需要做好的就是陪伴，陪着他们经历生活中的一切喜怒哀乐，必要的时候给他们支持和指点。"

菲比没有小孩，也非教育界的专业人士，她的一切主张，都来自她的父母。她的父母就是这样对待她的，她的祖父母也是这样对待她的父母的。

"我们不应该把教育想得那么高深，对不对？"菲比说。

我笑了。是啊，怀着一颗轻松的心态看待教育，也许教育的效果更好呢。

得知苏宝准备上的是圣安德鲁中学，菲比点点头：苏宝有这个能力。但是，也要看运气。

我深以为然。为什么还要看运气呢？因为申请中学的方式是我们想不到的。

苏宝在六年级下学期期末，通过了各科的考试，成绩合格后学校发了小学毕业证书。就在放暑假的前两周，小学毕业生们可以申请自己选好的中学，不同的中学有不同的申请方式，有的需要带着小学毕业证书、成绩单直接去学校面试，而圣安德鲁中学的申请方式是打电话报名。

电话打进了，又恰巧学校还没有招满学生，你就可以进学校读书了，然后再在学校规定的时间带着小学毕业证书和成绩单等材料去学校核验一下。能打进电话报上名是关键的一步，所以说还是要看运气的。

虽说报名有几天的时间，但家长和孩子们基本都会在第一时间打电话报名，那时候圣安德鲁中学的电话成了不折不扣的热线电话。

电话申请的那一天，我们还是费了一番周折的。知道那时候的电话会很不容易打通，我们不止手机、座机同时拨打，甚至苏仲宇还打开了电脑上的网络电话。

手机打过去是占线的声音。

座机占线。

网络电话同样也是占线。

"打电话的人真多啊，看来申请这所学校的人不少。"我听着电话里的嘟嘟声，心里开始发毛。

"小宝，我们不一定非上圣安德鲁中学不可啊，哪所学校都不错的。"我开始给苏宝打预防针，万一真的申请不到圣安德鲁中学怕苏宝会伤心。

"我们这么打是不是自己制造的占线啊？"苏宝看着一再按重拨键的我问。

"可是这样也是为了争取机会啊，随便哪部打通都行。"

"好吧。"苏宝只好又一次按了重拨，嘟嘟的声音再一次灌进耳朵，她做了一个要哭的表情。忽听得苏仲宇那边"hello"了一声，苏宝一个箭步冲过去一把抢过了手机。

随后，就听着苏宝回答电话里的一个个问题。

……

我们终于长长地出了一口气，喜悦即刻漫上了心头。这样一件大事十几分钟的时间就解决了。说容易也容易，说不容易也不容易，不管怎样，结果正如所愿，可以舒舒心心地过一个暑假了。

"晚上出去庆祝一下。"苏仲宇提议。

"听到没有？苏宝？"

苏宝将左手食指放在唇边做了一个噤声的动作。

从苏宝申请到了圣安德鲁中学，电话就在她手里没放下过。她在逐一给她的朋友们打电话询问他们申请学校的情况，有几个和她一样申请到了圣安德鲁中学。当从夏洛特那里也得到肯定的答复后，苏宝兴奋得叫了起来。

苏宝即将升入中学，人生亦从此翻开了新的一页。我一次次地拥抱她，即使这样也无法表达我心中的感慨。六年的小学时光即将过去。六年，一段不短的时间，是孩子成长中的黄金岁月。

从什么时候开始，那被父母握在手心里的纤细的小手变得有力量了？

从什么时候开始，孩子变得害羞了，不愿和父母走在一起，躲开父母伸出来的手？

逐渐长高的个头、渐渐成熟的思想、独特的见解、自由的意识……就这样长大了。

初夏时节，空气中有一种清爽香甜的味道。过不了多久，小城将热闹起来，音乐节和啤酒节是每年夏季里最浓墨重彩的一笔，那时的小城，空气中都流淌着快乐的音符，人们从四面八方而来，市中心的广场成了快乐的海洋。小城的生活平淡祥和，时间的长河静静流淌，唯有这个时节，它才向人们呈现出了另一种风貌。

在热闹到来之前的这段时间，夏日的夜晚依旧是幽静迷人的。这个时候我们三个人经常坐在一起，怀着畅快的心情说着过去，说着过去的种种困难和无助，仿佛唯有过往的艰辛才能为现在这个喜悦的时刻调和出更加可人的味道。我们聊未来，苏宝正渐渐长大，生活之路在向远方延伸，我希望她能勇敢地走下去，走向更深远的未来，并且安然无恙。

我希望她知道，快乐很重要。有一项技能一旦学会便会让人终生受益，这就是使自己快乐的能力。人生会遇到这样那样的困难，甚至苦难，在任何环境下，有让自己快乐的能力至关重要。

我希望她能做到，远离一切不良的、容易让人上瘾的嗜好，任何使人上瘾的东西都能把人带入深渊。

我不要求她有什么鸿鹄之志、远大抱负，不希望她和任何人比，我只希望她能做好自己该做的每一件事，成为一个自己有能力成为的人。

街上，卖冰淇淋的车传来清脆悦耳的铃铛声，铃铛声由远及近，将这一个静谧的夜晚轻轻地掀开了一条缝隙……

我朝苏宝招了一下手，一起跑出门，那铃铛声停了下来。

几分钟后，铃铛声再次响起，冰淇淋车又一路悠扬着远去了。

不同的国家有着不同的教育环境，但孩子的成长规律是一样的。教育首先要尊重孩子的成长规律，不同的成长阶段有不同的成长需求。没有比家长更了解、更爱自己孩子的了，用平等、尊重、理解的心对待自己的孩子，不拔苗助长，不妄自菲薄，始终对孩子怀有信心，并培养起孩子的自信。

对一个孩子教育的成败，要看孩子离家后的表现。曾看过一篇文章，大意是告诉父母和孩子朝夕相处的时间只有十八年，要在这十八年里好好陪伴孩子成长。看过后怅然，对孩子的离家有着深深的不舍。

十八年后，孩子会去上大学，然后工作。路在他们脚下延伸，能力越强的孩子离家越远。这里所说的远，并不一定是指地域间的距离，也包括心的距离。父母为孩子所做的一切，无一不是为他们离家做的准备：知识的教育、生活能力的培养、道德情感的关爱……希望孩子的翅膀真的硬起来。

希望每一个被父母深爱的孩子，在离开家、离开父母呵护时，都能充满信心地面对生活；也希望父母们在每一次想到离家在外的孩子的时候，都无比安心。

对一个孩子教育的成败，要看孩子离家后的表现。曾看过一篇文章，大意是告诉父母和孩子朝夕相处的时间只有十八年，要在这十八年里好好陪伴孩子成长。看过后怅然，对孩子的离家有着深深的不舍。

十八年后，孩子会去上大学，然后工作。路在他们脚下延伸，能力越强的孩子离家越远。这里所说的远，并不一定是指地域间的距离，也包括心的距离。父母为孩子所做的一切，无一不是为他们离家做的准备：知识的教育、生活能力的培养、道德情感的关爱……希望孩子的翅膀真的硬起来。

希望每一个被父母深爱的孩子，在离开家、离开父母呵护时，都能充满信心地面对生活；也希望父母们在每一次想到离家在外的孩子的时候，都无比安心。